우리
　　　얼마나
　함께

마종기 산문집

우리
　　　얼마나
함께

차 례

책머리에 008

1부。
시원하고 고운 사람을 친하고 싶다

그곳으로 가는 길 014
이 작은 대견함 020
만남과 헤어짐의 사이에서 025
어떤 날의 이사 030
시인의 딸 035
그 여름의 경주 여행 041
신부님의 국화꽃 048
더 따뜻하고, 더 간절한 054
관념이 아닌 가을 오후 060

2부。
당신이 와서야 파란 하늘이 생겼다

내가 좋아하는 꽃 070
눈물의 이유 078
가야금 소리 082
사람의 중심 090
사랑이 어딘가에 존재한다면 096
지평선과 수평선 101
마요르카 섬의 작은 손 106
그해의 함박눈 115
눈꽃 편지 120
이토록 행복한 사람 124

3부。
하늘을 향해 다시 날아오르는 외로운 새처럼

박꽃과 달빛　130
어디선가 들리는 목소리　136
분명한 자격　140
귀하고 위대한 이름　145
뿌리의 방향　150
착한 테니스　155
한겨울의 폭포　164
누군가에게 무엇이 될 수 있다면　169

4부。
극진한 사랑은 아마 사람의 추위 속에서 완성된다

모래밭에 피는 꽃　176
여유는 향기로 남고　181
인도와 파키스탄　188
실미도, 그 이후　192
게으른 나라　197
피부로 통하는 대화　203
따뜻한 나라의 따뜻한 깊이　212
봄날의 초록 들판처럼　217

5부。
아득하게 멀리서 오는 바람의 말을

해송 동화집 226
사람의 자리 233
시 쓰는 의사의 빛과 그늘 239
오래된 봄의 뒷길 249
내 시가 가는 길 253
멋과 흥과 빛 257
눈먼 자의 시선으로 262
새로움을 가슴에 새기는 법 267
몸을 기대고 싶은 말 275

책머리에

지난 몇 해 동안 알래스카 여행을 두 번 했다. 두 번 다 크루즈 여행을 겸했는데 그중 한 번은 페어뱅크스라는 도시에 도착해 데날리 국립공원과 그 일대를 이 주간 돌아다닌 긴 여행이었다. 크루즈보다는 이 내륙 여행을 통해 나는 알래스카의 몸통을 피부로 느끼면서 즐거운 시간을 가질 수 있었다.

툰드라 곳곳에 펼쳐진 분홍빛 들꽃들 사이에서 검정 곰들이 우리 눈치도 보지 않고 열매를 따먹는 광경, 경비행기로 겨우 오른 매킨리 얼음산의 정상, 오로라가 뿜어내는 무서운 빛의 요동과 기괴한 소리를 들었던 하룻밤, 그리고 깎아지른 절벽 높은 곳에 곡예를 하듯 비스듬히 서서 아슬아슬하게 평생을 산다는 흰색 양들까지, 모두 내 가슴을 조이게 했다. 그러나 무엇보다 산란을 위해 자신이 태어난 곳으로 회귀하는, 강과 개울을 꽉 채운 연어들의 행진은 가슴이 뭉클해지는 광경이었다. 목적지가 가까워오는지 몸통의 비늘 색이 변해가는 연어떼. 곰과 같은 짐승이 잡아먹으려 해도 막무가내로 물길을 역행해 고향으로 올라가는 중이었을 것이다. 나는 이들의 생태를 공부한 적이 없어서 태어나고 자랐던 곳을 콩알보다 작은 뇌로 어떻게 기억하고 있는지가 신기했고 그 광경에 감탄하며 느낀 것은 연어가 나보다 낫구나 하는 깊은 자괴감이었다.

세상을 떠돌던 연어는 죽을 때가 되면 천신만고 끝에 고향의 냇가로 돌아와 알을 낳고 죽음을 맞이한다. 이렇게 긴 주기가 끝나면서 한 마리 연어의 생은 완성된다. 그에 비하면 나는 고향은커녕 태평양을 건너온 이 땅에서 꽉 차오는 나이도 잊은 채 서성거리고만 있다. 나는 미완성의 인생을 살고 있다. 문득 〈인생은 미완성〉이라는 오래된 가요가 생각난다. 우리 모두의 생이 다 미완성이라는 노랫말이 내게 오히려 위로로 들린다.

타국에서 의사로 살다가 은퇴를 한 지난 십 년 동안 신문과 잡지의 청탁을 받고 썼던 글들을 여기에 묶었다. 조금 굴곡졌던, 그리고 아직도 그런, 그러나 별것 없는 내 삶의 생활 잡기이다. 지난 수십 년간 내 희망사항 가운데 하나는 언젠가 내 아이들 중 누구든 내 글을 한 편이라도 읽고 평생 글을 쓴다더니 이런 글도 썼구나 하고 고개를 끄덕이며 이해해주는 것이었다. 그러나 이제 그런 헛된 희망사항은

버리기로 결심했다. 우선은 이뤄질 가능성이 없고, 내 생을 뒤돌아보고 이해하고 느껴주었으면 하는 기대가 욕심이라는 것을 알았기 때문이다. 그러나 정말 다행히도 주변에는 아직도 내 글을 아껴주는 분들이 있어 내게 용기를 준다. 바로 그들이 결국 내 정신의 인연들이자 내 감성의 친구고 조카들이라는 것을 늦게나마 알게 되었다. 그래서 나는 다시 행복하다.

    이 책이 어쩌다 내가 의과대학을 졸업한 지 만 50년이 되는 해에 출간된다. 그리고 내가 한국의 의사 면허를 받은 지도 50년, 군의관이 되어 한국 장교로 환자를 진단하고 치료한 지도 50년이 되는 해다. 지난 몇 년 동안 꾸준히 내게 이런 잡문집이나마 출판을 청해준 이병률 시인에게 감사하면서 빚을 갚는 기분도 함께 든다. 여기저기 흩어져 있던 원고를 정리해준 이갑성 소피아에게도 감사의 인사를 전한다.

2013년 봄, 미국 플로리다에서
마종기

1부。 시원하고 고운 사람을 친하고 싶다

그곳으로 가는 길

완전한 귀국은 아니지만 일 년에 수개월씩은 한국에 머물면서 고국의 정겨운 공기를 마시고 친구들을 만나고 여행도 하면서 뿌듯한 기쁨을 간직한 채 지내고 있다. 그리고 이제 많이 늦기는 했지만 물경 수십 년간 꿈에 그리던 경상남도 마산에 가보려고 하는 것이다.

헤아려보니 그간 그 넓은 태평양을 마흔 번 이상 넘나들었다. 그리고 반도의 아름다운 땅끝 마을 토말에도 네 번이나 다녀왔다. 그런데도 내가 1950년대초 어머니를 따라 피난을 가 밥을 자주 굶으며 초등학교를 졸업하고 중학교 2학년까지 살았던 마산에는 그곳을 떠났던 1952년 이후 한 번도 방문해보지 못했다. 마산을 생각하면 무조건 마음이 아파오는 내 심정을 어떻게 다 설명할 수 있으랴. 외국 어느 구석에서라도 '마산'이라고 혼자 웅얼대기만 하면 금방 가슴이 메고 눈물이 나오려 했으므로 나는 그 긴 세월 동안 마산을 모른 척해온 것일까.

지난 몇 해 마산을 어떻게 방문하는 것이 좋을지 친구에게 묻기도 했고 실제로 버스터미널 근처의 호텔을 예약했다가 취소한 적도 있다. 그간 여기저기서 마산 소식을 귀기울여 듣기도 했지만 어느 것 하나 좋은 소식은 없었다. 창원에 대규모 공단이 생겨난 후 마산은 구닥다리 도시가 되고 창원의 방계 도시가 되었다. 산업시설도 없고 별다른 문화시설이나 유적지도 없어서 찾는 이들이 없는 도시, 그 깨끗하던 마산의 앞바다는 이제는 멀리 지나간 옛이야기라는 말. 그런 말들을 들을 때마다 가슴이 아파왔다. 중학교 2학년생의 시야에 남아 있던 마산의 찬란한 은초록빛 바다는 나의 긴 타국생활 중 특히나 외롭고 서글플 때 옆에서 말없이 나를 위로해주는 평화롭고 따뜻한 어머니 같은 풍경이었다.

두 해 남짓한 마산에서의 피난 시절은 다른 피난민과 같이 가난의 고통을 몸과 마음으로 매일 느껴야 했던 서글픈 나날이었다. 점심식사는 거의 해본 적이 없었고 특히 낮이 길던 여름철에는 배고픔 때문에 찾아오는 어지럼증으로 하늘이 늘 노랗게만 보였다. 동생들 때문에 배고프다는 소리도 참아야 했고 어지럼증을 이겨보려고 그늘만 찾아 앉으려고 했던 사춘기 시절. 아침식사는 밥과 톳나물국과 간장에 찍어 먹는 생멸치가 전부였고, 저녁식사 역시 이변이 없는 한 아침식사와 정확히 같은 메뉴였다. 가끔 콩장과 오징어볶음을 먹을 수 있

었는데 그런 날은 특별한 날이었고 풍성한 날이었다. 그래서인지 나는 아직까지도 멸치와 톳나물에는 손을 대지 않는다.

그 신산한 기억만 가득한 마산을 생각하면, 나는 왜 이렇게 아직도 가야겠다는 마음만으로도 가슴이 뛰는 것일까. 그것은 아마도 내가 살던 마산의 조용한 해안가 풍경을 평생 가슴에 안고 살아왔기 때문일 것이다. 속삭이는 바닷물 소리, 그 맑은 바닷물을 내려다보면 은백색의 화사한 수십 마리 꽁치떼가 내 손에까지 다가와 함께 놀아주고 배고픔을 잊게 해주었기 때문일 것이다. 나는 이때 노트에 '바닷가'라는 제목을 쓰고 동시를 쓰기 시작했다. 별것은 없지만 내 문학의 발원지가 바로 미산이기 때문일 것이다. 아, 또 있다. 아마 평생 잊지 못하고 살아온 어릴 적의 내 친구들, 중학교 1학년까지 함께 지냈으며 아직도 이름을 정확히 기억하는 김기태, 안병민, 박인규, 유봉환, 윤정원 같은 친구 때문일 것이다.

기왕 말이 나온 김에 평생을 감춰온 내 비밀도 말해버리자. 아마 끝남이 누나도 내가 마산을 사무치게 그리워하는 이유 중 한몫하고 있을 것이다. 하루종일 일 나가는 어머니를 대신해 마산 토박이인 스물네댓 살의 마음씨 착하고 눈이 크고 아주 예쁜 끝남이 누나가 우리를 돌봐주고 밥도 해주면서 함께 살게 되었다. 일당이나 월급을 줄 수 없는 우리 형편이었는데 어떻게 우리와 함께 살게 되었는지는 아직도 의문이다. 그러나 우리는 누나를 무조건적으로 잘 따랐고 누나도 우리를 좋아해주었다. 밤이면 한방에서 어머니, 누이동생, 남동생, 나 그리고 끝남이 누나 순서로 누워 잤었는데 언제부턴가 모두의 무언의 허가 아래 나는 누나와 한 이불을 덮기 시작했다. 또 언제부턴가 나는 가끔 누나의 젖무덤까지 만지면서 잠이 들곤 했다. 지금 생각해도 엄청 해괴하고 이해하기 힘든 일이지만 그만큼 나는 누나를 엄마처럼 의지하고 따랐다.

그 누나는 우리가 대구로 이사를 가기 얼마 전, 시집을 간다고 했다. 하지만 나는 결혼식에 갈 수 없었다. 대신 누나가 많이 울면서 자신을 잊지 말아달라던 말만은 아직 기억하고 있다.

이제 나는 그 마산, 나의 마산에 갈 것이다. 세월이 너무 많이 흘러 도시를 알아보지 못할 것이라는 친구의 말에도 사실 겁나지 않는다. 내가 왜 시인이 되었겠는가! 남보다 튼실하고 확신에 찬, 싱싱한 상상력을 가질 수 있기 때문 아니었겠는가. 나는 바다 앞에 서서 내 고향 어머니가 나를 불러주는 그 목소리를 들을 것이다. 눈물 어린 어머니의 은초록빛 바다를 눈이 아파올 때까지 볼 것이다. 물속을 자세히 들여다보면 그 여름의 꽁치떼가 아직 늙지 않은 채 활기차게 헤엄치며 나를 반겨줄 것이다. 다음날에는 어릴 적의 친구들을 다시 만나 백발을 쓸어넘기며 소주를 마실 것이다. 그간에 쌓인 할말들이 너무 많아 우리는 밤을 지새울지도 모르겠다.

다음날에는 끝남이 누나를 만나리라. 아마도 우리는 서로 붙잡고 울 것이다. 세상에 뭐가 그리 할 일이 많아 이제야 왔느냐며 누님은 나를 꾸중할 것이다. 그러면서도 나를 안아줄 것이다. 나보다 열네댓 살은 위였으니, 우리가 만나면 누님은 아흔을 바라보는 나이가 되었을 것이다. 그러나 나는 누님의 나이도 내 나이도 다 잊고 수십 년간 참아온 그리움을 토해내며 틀림없이 눈물을 쏟아낼 것이다.

이 작은 대견함

    미국의 작은 도시에 살고 있던 우리 부부는 주위의 한국인 부부 네 쌍과 함께 일 년 동안 조금씩 돈을 모아 이탈리아 여행을 가기로 했다. 전체 여행 준비는 전에도 이탈리아에 한 번 가보았던 우리가 앞장서서 십이 일간의 여정을 주선하게 되었다.

    로마에서는 반나절 동안 헤맸던 카타콤이 인상적이었고 각 고장의 포도주도 엄청 많이 맛보면서 플로렌스, 밀라노, 베니스, 볼로냐, 아시시 등에 머물며 즐거운 여행을 했다. 그런데 여행을 다 마치고 로마를 떠나 뉴욕으로 돌아오던 비행기에서 사고가 나고 말았다.

    로마를 떠난 지 두세 시간쯤 되었을까. 대서양 바다의 한복판에서 기장이 긴급이라며 기내 방송을 했다. '현재 이 비행기는 기체에 고장이 생겨 더이상 뉴욕으로 비행할 수가 없다. 유럽 쪽으로 다시 돌아가는 것이 거리가 더 짧으므로 기체를 돌려 프랑스의 드골 공항으로 가겠다. 하지만 드골 공항까지 갈 수 있을지도 확신할 수 없다. 바다나 육지에 불시착을 할지도 모르니 지금부터 비상사태에 대비해야겠다. 승객은 승무원의 지시에 절대 복종해주기 바란다.' 승객들의 웅성거림도 잠시, 승무원들이 일시에 모두 맡은 구역에 서서 승객들의 주목을 요구했다.

승무원들은 우선 승객 중에서 비행기 조종사 출신, 공군 출신, 응급구조 훈련의 경험이 있는 사람들을 찾았다. 여기저기서 젊은 지원자들이 손을 들어 승무인은 그들을 비상 탈출구가 있는 자리에 나누어 앉혔다.

이어서 승객들에게는 머리와 윗몸을 완전히 굽히고 두 팔로는 몸통을 잡고 있어야 한다고 했고, 바다에 떨어졌을 때와 지상에 불시착했을 때의 주의사항과 응급조치를 침착하게 설명해주었다. 비행기의 창밖을 보니 날개에서는 전에 보지 못했던 흰 연기가 엄청 쏟아져 나오고 있었다. 기체는 느낄 듯 말 듯하게 흔들리며 천천히 하강하고 있었다.

나는 승무원에게 내 원래의 자리로 돌아가게 해달라고 청했다. 비행기를 탔을 때 뒤쪽의 좌석이 비어 있어서 편하게 가려는 욕심에 혼자 제일 뒷자리로 갔던 것인데 이제 이렇게 죽음을 맞이할지 모르는 시간이 되었으니 수십 년 같이 산 아내와 함께 있어야겠다는 생각이 들었다. 허락을 받아 제자리에 돌아온 나는 아내의 손을 한번 잡고 잠시 마주보았다. 아무 말도 나오지는 않았다. 문득 이렇게 이상한 곳에서 이상한 모양으로 죽어야 할지도 모른다고 생각하니 마음이 텅 비어가는 것 같으면서 아이들과 어머니와 가까운 지인들이 머리를 스쳐지나갔다. 그런데 이상하게도 이 죽음을 잘 받아들일 수 있을 것 같았다. 안타깝지도 않았고 억울한 생각도 들지 않았다. 마음이 차분히 가라앉았고 편안했다. 그리고 이렇게 이상하게 여유롭고 평화스러운 기분이 드는 것이 스스로 대견스럽게까지 느껴졌다.

그러다가 바로 내 뒷자리에 앉아 있는, 함께 여행한 우리 그룹 중 제일 젊은 부부가 생각났다. 초등학생과 중학생 세 아이를 둔 이 착하고 젊은 부부가 죽어서는 안 된다는 생각이 들었다. '죽어야 한다면 내가 죽겠습니다. 나는 많이 살았습니다. 대신 김선생 부부를 살려주세요.' 눈을 뜨니 땀에 젖은 내 두 손이 보였다. 내가 부지불식간에 기도를 하고 있었던 것이다. 뒷자리로 고개를 돌렸다. 김선생 부부는 창백한 얼굴로 나를 보았고 나는 두 분에게 찬찬히 이야기를 했다.

"혹시 바다나 땅에 불시착을 하게 되면 통로로 빨리 나가기가 힘들 테니까 내 의자 등받이로 올라와서 내 등과 어깨를 타고 탈출구 쪽으로 나가세요. 내가 두 분을 밀면서 그뒤로 나갈게요." 김선생은 황망중에도 고맙다고 인사를 했다.

극도의 긴장 속에서 비행기는 얼마 후 드골 공항에 무사히 착륙했다. 앰뷸런스들이 활주로를 가득 메운 가운데 착륙시 기체가 상당히 흔들렸지만 아무런 사고 없이 모두 비행기에서 내릴 수 있었다. 나중에 안 일이지만 날개에서 뿜어져 나오던 흰 연기는 비행기 속의 불필

요한 휘발유를 모두 버리는 것이었다. 그후에 우리 일행은 엉뚱한 드골 공항에서 열두 시간 이상을 기다리다가 다른 비행기를 타고 예정보다 하루 늦게 집에 돌아올 수 있었다.

이제는 그때 같이 여행했던 친구 부부들과도 모두 뿔뿔이 흩어져 살고 있지만 그 일을 생각할 때면 스스로 대견한 마음이 가슴에 벅차오른다.

특히나 이 나이가 되도록 바보스런 실수를 했을 때, 글이 안 써져서 진땀을 흘리거나 세상살이가 그저 막막하게 부끄러울 때, 그때의 그 광경을 다시 생각해보면 어디선가 새초롬한 삶의 용기가 솟아나오곤 한다. 나도 한두 번은 사람다웠던 적이 있었구나 하는 안도감이 내 존재에 작은 자신감을 전해주기까지 한다.

늘그막이 되어서도 내 목숨을 걸겠다고 사력을 다해 쓰는 시詩는 과연 무엇일까. 나는 아직 그 답을 모른다. 그러나 가끔은 시라는 것이, 이런 작은 대견함의 추억이자 사람다웠던 시간의 아름답고 짧은 기억이 될 수도 있지 않을까 하는 생각을 해보곤 한다.

만남과 헤어짐의 사이에서

그는 나보다 두 살 밑이다.

키도 크고 몸매도 뛰어난 그가 쌍꺼풀 짙은 두 눈을 껌뻑거릴 때면 주위의 많은 사람들이 영화배우보다 훨씬 잘생겼다고들 했다. 그는 명민하여 학교 성적도 뛰어났고 못하는 운동이 없을 정도로 체력도 좋았다. 그러나 그것보다 내가 제일 좋아한 것은 그의 타고난 선량한 마음씨였다. 그는 교육의 정도를 불문하고 주위의 누구와도 잘 어울렸을 뿐만 아니라 훌륭하고 모범된 가까운 친구도 많았다. 그는 술도 잘 마시고 노래도 잘 불렀다. 더불어 술을 많이 마셔도 주정이 없었고 허튼 유혹에도 의연했다.

그와의 만남은 한마디로 내게 큰 행운이었다. 무엇보다 그는 내게 겸손함과 착한 심성의 본보기가 되어 나를 항상 부끄럽게 깨우쳐주었다. 그러나 우리의 만남은 나나 그의 선택이 아니라 운명이었다. 그는 바로 나의 유일한 남동생이다. 그는 내가 두 살 때 세상에 태어났고, 그로부터 며칠 후 우리는 어머니와 셋이서 사진을 찍었고, 훗날 그 사진을 보며 '아, 이때 내가 처음으로 그를 봤겠구나' 싶었다.

물론 운명적인 만남 이후, 우리는 아침저녁으로 매일 얼굴을 보았고, 그것은 한 달, 두 달, 일 년, 십 년으로 이어졌다. 즐거울 때나 슬플 때나 괴로울 때나 외로울 때도 그 만남은 계속 이어졌다. 아주 어릴 적부터 대학교 중반까지 같은 방을 쓰며 자랐기 때문에, 아침에 일어나서 처음 만나는 사람도 동생이었고 하루의 마지막 시간에 만나는 사람도 동생이었다. 수십 년간 우리들의 빈번한 만남은 내가 군의관 생활을 끝내고 고국을 떠나면서 갑자기 끊어졌다. 그렇게 나는 외국에서 수련의 과정을 마쳤고 장가들어 가족도 생겼다.

그간에 동생은 일간신문의 유능한 사회부 기자가 됐을 뿐 아니라, 자신이 직접 신문의 기삿거리가 되기도 했다. 사고로 무너진 강원도 탄광에서 일주일째 탈출구를 찾지 못하고 죽어가는 광부를 위해 취재차 그곳에 갔던 동생이 목숨을 걸고 지하 100여 미터까지 직접 내려갔다. 그렇게 위험한 위치에서 동생은 필사적으로 광부와 소통했고 광부에게 용기를 주어 기사회생시킨 일이 대문짝만하게 기사화되었다. 어느 때 동생은 한밤의 취재중에 앞서가던 트럭이 얼음길에 미끄러져서 강물로 빠져들어가는 것을 목격하고 급히 언덕 밑으로 내려가 차디찬 물속에 빠진 운전사를 구해낸 사건 역시 사진과 함께 신문에

실리기도 했다.

그렇게 기자 활동을 열심히 하던 동생에게 악운이 닥쳐왔다. 동생은 신문사를 대표해 판문점에서 열리는 남북회담을 취재하고 있었는데, 개성이 고향인 큰아버님의 간절한 부탁을 거절하지 못하고 큰댁의 가족 소식을 묻는 메모를 판문점에서 북쪽 기자에게 건네다가 발각되었던 것이다. 동생은 그 길로 정보부에 연행돼 치도곤을 맞고 신문사에서 쫓겨나고 말았다.

동생은 내게 이제 더이상 고국에서 살 수 없게 되었으니 배추 장사라도 하겠다며 미국에서 살 수 있도록 도와달라고 했다. 아무 기술도 없이 무조건 내 곁에 온 동생은 그런대로 열심히 일하며 외국생활에 익숙해졌고 가족의 생계를 꾸려갔다. 그렇게 우리는 같은 동네에 살면서 다시 자주 만나기 시작했고 십 년이 넘도록 자주 왕래하면서 주위 사람들의 부러움을 받기도 했다.

그러던 어느 날 갑자기 동생이 억울한 사고로 하루아침에 죽었다. 청천벽력이었다. 동생이 불쌍해서 하늘이 무너지는 듯 나는 많이 울었다. 정신 차릴 겨를도 없이 동생의 장례식을 치르고, 산소를 만들고, 다시 십 년이라는 세월이 하염없이 흘렀다. 길다면 긴 그 시간 동안 나는 적어도 일주일에 한두 번은 꼭 그의 산소에 찾아가 죽은 자와 산 자의 우습고 기막힌 만남을 가졌다. 때로는 산소 주위에 피어난 꽃을 동생으로 착각하고 이야기를 풀어놓았고, 어느 때는 하늘 위의 뭉게구름, 저쪽 나무에 앉아 나를 보며 울어대는 새, 가끔은 내 주위를 자꾸 맴도는 잠자리와도 간절한 만남을 나누었다.

그러다가 십여 년 전 나는 오랜 타국의 의사생활에서 은퇴하고 그가 묻혀 있는 도시에서 멀리 떠났다. 그래서 이제는 산소에 자주 가보지 못하고 꿈속에서만 가끔 만나고 있다. 어느 때는 책방에서 만나기도 하고, 어느 때는 엉뚱하게 공항 로비에서 만나기도 한다. 그러나 꿈속에서의 만남은 잠이 깨고 나면 너무 허무하다. 너무 허전해서 가슴이 아프기까지 하다. 그래서 요즘에는 새삼 만해 한용운의 시 「님의 침묵」을 읽으며 마음을 달랜다.

우리는 만날 때에 떠날 것을 염려하는 것과 같이,
떠날 때에 다시 만날 것을 믿습니다.

그렇다. 나는 언젠가 그를 다시 만나 같이 웃고 즐길 날이 올 것이라는 철석같은 믿음을 가지고 있다. 만남은 헤어짐을 필연으로 할 수밖에 없듯이, 헤어짐은 만남을 전제하리라고 믿는다. 동생을 다시 만나게 되는 날, 그에게 무슨 말을 처음으로 꺼내야 좋을지 가끔 생각해본다. 그런 생각을 할 때면 나는 기쁘고 신이 나서 아무데서고 혼자 피식피식 웃기도 한다.

어떤 날의 이사

혼자 오래 생각해오던 일이 하나 있었다. 바로 아버지의 묘지를 개장하고 어머니와 함께 다른 곳에 합장을 해드리는 것이었다. 묘비를 세워도 나 같은 신세로는 자주 찾지 못할 것이 뻔해서 큰 표시가 없는 수목장 형식을 택하기로 생각했다.

아버지의 임종도 지키지 못한 내 죄의식이 깊어 비교적 자주 귀국해 성묘하려 노력했지만, 공원묘지가 아니어서 산소를 보수하고 보존하는 일은 그리 녹록지 않았고 또 한발 늦어지기 일쑤여서 가슴이 아플 때가 많았다. 그래서 몇 해 전부터 외국에서 누이가 모시고 있는 어머니가 혹 돌아가시면 유분이나마 모시고 귀국해 아버지와 합장을 해드리려는 생각을 혼자서나마 해왔었다.

어머니의 장례식은 식구가 많지 않아 삼일장으로 했는데 별로 알리지도 않은 장례식장에 전혀 기대하지 않았던 일이 벌어졌다. 바로 그 장례식 날 새벽, 어머니의 한국 제자 몇 분이 어떻게 소식을 전해 듣고 밤새 비행기를 타고 시카고 장례식장에 찾아와서 유족은 물론 다른 참석자들을 놀라게 했다.

식이 끝난 후 우리는 서울에서 온 그분들과 함께 어머니의 유해를 어떻게 해야 좋을지에 대해 이야기를 나누었다. 그분들은 반드시 고국에 모셔야 한다고 주장했고 우리는 고마운 생각을 가슴에 품고 그렇게 하기로 그 자리에서 결정했다. 그래서 그후 화장 절차를 거쳐 거의 육 개월간 유분을 내가 간직하고 있다가 귀국하게 되었다.

아버지의 이장 절차는 내게 무척 어렵고 복잡했다. 우선 성당에 이장 신고서를 접수해야 했고, 이장 허가서를 받으면서는 그동안 알지도 못했던 수십 년 밀렸다는 묘지 사용료를 지불해야 했다. 그다음에는 이장 허가서를 들고 산소가 있는 남양주군 소재의 동사무소에 가서 개장 허가서를 받아야 했고, 근경 및 원경의 산소 사진도 몇 장 동봉해야 했다. 그다음은 산소 개장을 실제로 행하는 회사와 계약을 하고 파묘할 날짜와 시간을 확정해야 했다. 주위 분들이 올해는 윤년인데다가 윤달이 있으니 이장하기에 최적의 시기라고 알려주었다. 기왕이면 그날에 맞추어보려고 아는 후배가 며칠을 화장장과 연락하면서 고생을 했으나 실패하고 말았다. 사실 우리는 윤달이고 뭐고 크게 상관이 없다고 생각했기 때문에 윤달이 끝난 바로 다음날로 날짜를 정했다.

화장 날짜가 정해진 후 우리는 그날에 맞춰 개장하기 위해 서둘러 몇 명의 장의사에게 연락을 했다. 파묘의 과정과 비용, 날짜를 상의했다. 5월말의 어느 새벽, 자동차를 타고 한 시간 이상 달려 일꾼들과 약속한 아침 여섯시까지 산소에 도착했다. 그리고 산소 관리인이 알려준 대로 산신제를 하기 위해 음식상을 차리고 아직 환해지지 않은 주위를 둘러보며 이슬에 젖은 손으로 절을 하고 산소에 술을 따랐다. 그리고 약간은 침울한 기분으로 일꾼들을 기다렸다. 삼십 분 정도 지난 후 일꾼 셋이 연장을 들고 나타났고 우리는 준비해온 술과 음식을 그분들에게 전달했다. 일꾼들은 이슬이나 좀 걷히면 일을 시작하자며 산소 옆에 앉아 술과 음식을 먹기 시작했다. 한참 먹고 마신 그들이 첫 삽질을 시작했고 해가 중천에 오르고 거의 두세 시간 걸려서 뼈를 추려 넣은 통을 우리에게 전해주었다. 물론 우리는 미리 들은 대로 계약한 돈에다 한참을 더 보태서 봉투를 전했고, 일꾼들이 그 액수를 모두 확인하고 나서야 유골이 든 통을 전해받을 수 있었다.

우리는 조심히 통을 자동차에 옮긴 후, 한참 남은 화장 시간을 기다릴 겸 화장장으로 가는 길 허름한 식당에 들어가 요기했다. 그리고 처음 가보는 벽제 화장장에 들어섰다. 아니, 들어섰다고 말하기에는 아주 크고 넓고 깨끗한 건물과 부속시설이었다. 그곳에서 우리를 기다리고 있던 후배를 만났고 그간에 내가 긴장했는지 그대로 마음이 푹 놓이면서 진이 다 빠지는 느낌이 들었다. 그 이후로는 후배가 일일이 챙겨주어 일사천리로 일이 진행되었고 화장한 유분을 작고 예쁜 항아리에 담아넣을 수 있었다. 항아리는 녹말로 만들었기 때문에 수목장의 경우 땅속에서 얼마 안 가 다 녹아버린다는 설명도 들을 수 있었다.

수목장이 있던 날은 마침 휴일이었고 날씨는 아침부터 화창하고 따뜻했다. 아버지의 제자 몇 분, 어머니의 제자 몇 분, 내 친구 몇 명, 그리고 이 수목장을 위해 몇 달 동안 애써주고 도와준 고마운 분들이 참석해주어 시종 훈훈한 분위기에서 마칠 수 있었다. 간략한 인사가 끝난 후 함께 점심식사하는 자리에서 만감이 스치는 듯한 마음에 나는 눈물이 나오려는 것을 참느라 무척이나 힘이 들었다.

아버지, 어머니, 이제 제가 할 일을 이 정도로 끝내겠습니다. 좀 부실하지만 그런대로 헤아려주세요. 나는 부모님과 함께 영혼의 존재를 믿기 때문에 이런 행사 자체에 큰 의미를 두지는 않습니다. 그러나 이건 지난 사십여 년 내 몸을 자주 찔러대던 기억, 내 상처를 치유하기 위한 것입니다. 아시지요? 이제 저도 천천히 마음이 편해지리라 믿습니다. 돌아가시고 난 후, 뼈와 뼈의 만남이 과연 무엇을 의미할까요? 아무리 함께 있다 해도 뼛가루의 말과 오래 참아온 눈물이, 사무친 그리움이 어떻게 서로에게 전해질 수 있을까요?

그렇습니다. 그것은 하늘에서나 가능한 일입니다. 그러나 굽어보시는 아버지, 어머니, 두 분을 종신토록 사랑한다는 내 떨리는 목소리만은 꼭 한번 귀기울여 들어주세요.

시인의 딸

 더이상 부모님께 기대기가 죄송스러워 돈을 많이 준다는 미국으로 의사 수련을 떠난 나는 오대호 근처에 있는 오하이오 주의 톨레도라는 중소도시에서 사십 년 이상을 교수이자 의사로 살아왔다.
 낮에는 미국 사람으로 밤에는 한국 사람으로, 주중에는 미국 의사로 주말에는 한국 시인으로 살아온 괴상한 생활에 길들여진 어느 날, 한 젊은 한국 여성이 내게 전화를 걸어왔다. 저쪽에서는 주춤거리며 한국말로 내 이름을 확인하고 난 뒤, 자기는 한 유학생의 아내로 며칠 전 이 도시에 왔는데 아버지가 전화번호를 주었다며 아버지의 이름은 박재삼이라고 했다. 시인 박재삼이라는 말에 나는 뛸듯이 반가워 한번 만나자며 전화번호를 받아 적었다.

시인 박재삼 선배는 나보다 나이도 대여섯 살 위이고 문단에 나선 것도 그 정도쯤 먼저다. 선배를 처음 본 건 선배가 경상남도의 항구 삼천포에서 자라 고려대학교를 다니다가 중퇴한 뒤, 월간『현대문학』에서 말단 기자로 일하던 시절이었다. 그 시절 나는 문단 추천을 겨우 마친 햇병아리 시인으로 혹시 시 청탁이라도 하나 안 해주려나 싶어 종로구 효제동 근처의 어둑한 현대문학사 사무실에 가끔 들렀다. 그 사무실의 마지막 의자에서 일하던 분이 박재삼 시인. 그나마 나를 반기며 유일하게 악수라도 청해주던 다정한 선배였다.

이 선배 시인은 몸이 가늘고 키가 크고 얼굴이 수려하게 잘생겼으며, 늘 싱글거리는 미소를 얼굴에 담고 있었다. 낮은 목소리의 따뜻한 경상도 사투리로 친구가 많았던 선배는 가끔 술에 거나해지면 회사에서 비교적 가까웠던 우리 집에 들르기도 했다. 그가 술이 적당히 취해서, "마형, 나가서 한잔합시다" 하던 조용한 말과 미소를 아직도 잊을 수가 없다.

며칠 후, 만나기로 약속한 어느 중국 요릿집에 미리 가서 출입구 쪽을 주시하며 '시인의 딸'을 기다리고 있는데, 아이고 맙소사! 박재삼 시인이 여장을 한 듯, 선배와 너무나 비슷하게 생긴 한국 여자가 기웃거리며 들어오는 게 아닌가. 식사 내내 작고 예쁜 눈으로 수줍게 웃는 선배의 딸을 보면서 오랜만에 선배를 만난 듯 반가웠다.

그로부터 얼마 동안 내가 그들 부부의 월세 아파트를 구해주고, 의사를 소개해주고, 시간 나는 대로 도와주기도 하면서 우리는 정이

많이 들었다. 선배의 사위는 학위 공부를 하느라 정신이 없었기 때문에 언어와 사회생활에 익숙하지 못하고, 매사에 예민하고 여리던 시인의 딸은 무척 외로운 생활을 할 수밖에 없었다.

그러던 어느 날 시인의 딸은, 이 주 동안 일시 귀국을 계획하고 있던 내게 부탁할 게 있다며 보퉁이 한 개를 들고 우리 집에 들렀다. 보퉁이는 상당히 크고 무거워 보였다. 하지만 아버지께 꼭 드리고 싶은 선물이라며 간절히 청하는 그녀의 눈빛이 안쓰러워 나는 그만 그 보퉁이를 전해주겠다고 허락하고 말았다.

당시 고국의 공항 세관원들의 검사는 무척 까다로웠다. 나는 되도록 짐을 덜 가져가 세관원의 으르렁대는 소리를 피하려고 했지만 내 가방을 샅샅이 뒤지던 세관원이 마침내 문제의 보퉁이를 들어내었다. 세관원은 대뜸 심문조로 물었다.

"이거 굉장히 무겁네. 이게 뭐죠?"

"아, 아는 사람이 전해달라고 해서 받아들고 온 것인데 내용물은 잘 모르겠습니다."

"선생의 가방에서 나온 이 보퉁이에 뭐가 들었는지도 모른다고요?"

그 큰소리가 무슨 신호라도 되었는지 근처의 다른 세관원들까지 나와 내 가방을 둘러싸면서 보퉁이를 풀어헤치기 시작했다. 그러나 보퉁이는 얼마나 꽁꽁 매어 잘 쌌는지 좀처럼 열리지 않았다. 결국 칼로 자르고 끊어야 했다. 어느새 근처의 다른 세관원은 물론, 짐 검사를 받던 승객들의 시선까지 집중되고 있었다.

그러던 어느 순간 테이프를 끊던 세관원 앞으로 꽈르릉 하는 큰 소리와 함께 보퉁이의 내용물이 순식간에 모두 바닥에 쏟아졌다. 그리고 우리는 그 내용물의 전부가 적어도 2백여 개는 됨직한 여러 가지 모양의 크고 작은 초콜릿이라는 걸 확인할 수 있었다.

경계심을 늦추지 않고 흥미롭게 지켜보며 내용물을 궁금해하던 주위의 사람들은 잠시 얼이 빠진 듯 바닥에 흩어져 있는 초콜릿을 보다가 약속이나 한 듯 허, 허, 허, 하, 하, 하, 깔깔거리며 배를 잡고 웃기 시작했다.

긴장했던 나는 잠시 당황했지만 그제야 마음을 놓을 수 있었고, 짐 풀기에 열중하던 세관원도 어이가 없는지 "초콜릿이야"라고 중얼거리며 바닥에 흩어진 수많은 초콜릿을 줍기 시작했다. 주위 사람들의 도움으로 흩어진 초콜릿을 다 주워 담고 얼결에 세관 검사를 끝낸 나는 서울로 이동하는 택시 속에서 갑자기 터져나오는 웃음을 멈출 수가 없었다.

며칠 후, 우여곡절 끝에 가지고 온 문제의 초콜릿 한 보따리를 들고 박재삼 시인을 만났다. 점심이라도 같이하자는 선배의 청으로 근처 설렁탕집에 들어갔다. 선배는 밥을 조금 먹다가 딸의 근황을 물었고 조금 더 먹다가 또 물었다. 당신이 초콜릿을 너무 좋아해서 딸이 무례한 부탁을 한 모양이라고 말하는 그의 눈에 눈물이 그렁그렁 고였다. 그런 인연 덕분에 나는 박재삼 선배의 시를 더욱 좋아하게 되었다. 특히 선배의 대표작 중의 하나인 「울음이 타는 가을 강」은 거의 외우다시피 할 정도이다. 그 짧은 만남 후 선배는 내게 굵은 만년필로 쓴 편지를 자주 주셨는데, 몇 해가 지난 뒤 이른 나이에 갑자기 돌아가시고 말았다.

　참, 시인의 딸은 이제 두 아들의 엄마가 되어 유능한 남편과 함께 행복하게 홍콩에서 살고 있다. 그녀가 미국을 떠난 뒤 한 번도 다시 만나지는 못했지만 지난 십여 년 동안 한 해도 거르지 않고 우리 부부에게 따뜻한 사연이 담긴 생일 카드와 크리스마스 카드를 보내오고 있다.

그 여름의 경주 여행

　무섭고 고달프던 한국전쟁이 엉거주춤 끝난 후, 그 어수선한 세상에서 나는 고등학생이 되었다. 모두가 가난하고 어려웠던 시절이었지만 그래도 내가 고등학생이 되었다는 기쁨은 컸고 그 기고만장한 기분을 만끽하고 싶어서 나는 같은 반 가까운 친구에게 여름방학 여행을 제안했다.
　우리는 부모님을 조르고 애걸해서 허락을 받아냈고 서울과 경주를 오가는 기차 왕복비와 며칠간의 체류비까지 받아내는 데 성공했다. 그렇게 생전 처음 부모님이나 어른의 보호와 감독에서 벗어나 친구와 둘이서만 자유롭고 신나는 경주 여행길에 올랐다. 우리는 여덟 시간쯤 기차를 탄 끝에 경주에 도착했고 싸구려 여관에 여장을 풀었다.

그날부터 며칠 동안 우리는 처음으로 방문한 옛 신라의 도읍지를 샅샅이 구경하느라고 경주의 안팎을 얼마나 걸었는지 모른다. 하도 걸어서 밤이면 숙소에 돌아와 찬물에 두 발을 담근 채 물집이 생기고 피곤에 절은 아픈 발을 달래기에 급급했다. 그 당시 경주에는 시내버스도 없었고 관광 회사도, 여행 안내자도, 여행 안내서적도 없었던 것으로 기억한다. (아니면 그런 것이 모두 비싸서 우리가 가까이할 수 없었던 것인가?)

그때 불국사를 거쳐 석굴암으로 가는 비포장도로를 오래 걸어 올라가 토함산의 해돋이를 바라보던 감격은, 온몸을 적셨던 아침 땀과 함께 아직도 생생하게 기억난다. 그러나 솔직히 말해 우리들의 경주 고적 및 유적 답사는 말하기조차 부끄러운 행적의 연속이었다.

학교 역사 시간에 귀동냥으로 배운 곳을 물어물어 찾아가서 사진을 찍고 사이다 한 병 마시며 쉬다가 땀을 닦고 다음 행선지로 걸어가던 경주 관광. 아무도 지켜보는 이 없는 첨성대에서는 쌓아놓은 돌탑에 반 이상 기어올라가서 사진을 찍었고 불국사 앞의 석가탑에서는 2층의 기단부에 걸터앉아 사진을 찍었다. 거기다가 그것도 부족해서 삼층탑의 맨 상단까지 올라가려고 기를 썼다. 석굴암에서는 지금처럼 돔도 없고 유리장 같은 것으로 막혀 있지도 않았던 본존불의 무릎에 올라앉았고 에밀레종 앞에서는 야담같이 들었던 이상한 종소리를 궁금해하면서 큰 돌로 종을 때려보기까지 했다. 임금이 신하들과 연회를 즐기며 술잔을 띄워 돌렸다는 포석정 앞에서는 기대보다 훨씬 작은 규모에 실망하면서 급한 마음에 바지 단추를 풀고 꾸불꾸불한 골

에 둘이서 실례까지 했을 정도니, 생각해보면 선조에 대한 무례가 가히 상상을 초월할 정도였다.

지키는 사람도 없었고 고적을 어떻게 감상하고 보존해야 하는지를 배우지 못했다는 핑계가 있기는 했지만, 우리들의 이런 어리석은 행적이 선조들의 노여움을 샀던 모양인지 여행의 끝막에 우리는 결국 벌을 받고 말았다. 아무도 간섭하지 않는 우리 둘만의 여행에 흥분해서 나는 그만 서울로 돌아갈 기차표 값마저 다 써버린 것이었다. 친구에게도 남은 돈은 겨우 기차표 한 장 값. 그 당시에는 기차의 왕복표를 함께 팔지 않아서 이런 일이 생길 수 있었다. 난감해진 우리는 밤새 고민을 하다가 내가 자랑스럽게 쓰던 카메라 말고는 그 해답을 찾을 곳이 없다는 것을 깨달았다.

다음날 우리는 고적 답사를 하지 않고 허름한 전당포에 가서 내 카메라를 맡기고 돈을 빌려야 했다. 석 달 안에 카메라를 다시 찾겠노라 약속하고 약간은 참담해진 기분으로 서울로 가는 기차표를 샀다. 그렇게 그 여름의 여행을 끝냈다. 물론 아버지께는 카메라를 도둑맞았다고 거짓말을 했다. (돌아가신 아버지, 죄송합니다!) 경주의 전당포에 놓고 온 카메라는 결국 찾지 못했다. 갚을 돈은 마련했으나 경주를 왕복할 기차표 값은 비쌌고 개학을 맞아 공부에 쫓기다보니 그곳에 갈 시간도 없었기 때문이었다.

몇 년 후, 나는 고등학교를 졸업하고 의과대학에 입학해 졸업한 뒤 얼결에 미국에 와서 오랜 세월 의사 노릇을 하며 살았다. 부끄러운 경주 여행을 함께했던 그 친구는 서울대 법대에 입학하고 열심히 공부해서 그 대학의 교수가 되었고 대학장을 지냈다. 그리고 훌륭한 행정학자가 되어 높은 교직에 오르기까지 했다. 그러나 그 친구가 그보다 더 바쁘게 했던 일은 쇠약했던 이조시대말 우리의 귀중한 고서와 유물을 훔쳐간 유럽의 강국에게서 그것들을 다시 찾아오기 위해 국제 모임을 주선하고 우리의 권리를 열변한 것이다. 아마도 친구는 우리가 어렸을 적에 경주에서 저질렀던 무지와 부끄러움을 면죄받기 위해서 그렇게 나라의 유물을 위해 정신없이 일했던 것이 아닐까. 그 친구를 생각하면 아직도 엉뚱한 나라에서 서성거리고 있는 내가 부끄러워 얼굴이 더워온다.

* 내 친구는 서울대학교 대학원장으로 지내다가 몇 해 전에 작고한 고故 백충현 교수이다. 삼가 친구의 명복을 빈다.

신부님의 국화꽃

어느새 추억의 가을빛이 주위에서 나를 부른다. 초가을을 배경으로 내 가슴에 살아 있는 분 가운데 가장 그리운 이는 돌아가신 최민순 요한 신부님이다. 신부님을 아직 기억하는 사람이 있을까? 신부님이 그리운 가을날에는 그분을 기억하는 누구라도 만나 아무 이야기라도 나누고 싶다.

신부님은 훌륭한 영성 신학자로 오랫동안 서울 혜화동에 있는 가톨릭대학교의 교수님이었고, 『생명의 곡』이라는 수필집과 『밤』, 『님』 같은 시집을 출간한 문인이기도 했다. 그러나 일반인들이 신부님을 더 귀하게 기억하는 것은 그때까지 일본어 중역으로만 읽던 많은 외국 문학 서적을 직역했기 때문이다. 단테의 「신곡」을 원어인 이탈리아어에서 우리글로 번역하고, 스페인어로 쓰인 세르반테스의 『돈키호테』를 처음으로 번역 출간하신 명 문장가이자 번역가로 명성이 높다.

신부님은 다른 훌륭한 가톨릭 서적도 많이 번역 출간하셨는데 그 가운데는 신부님이 가장 존경했고 초심자에게는 영혼의 등불 같은 아우구스티누스 성인의 유명한 『고백록』과 십자가의 요한 성인의 『어둔 밤』이나 『영혼의 찬가』 등이 있다.

내가 가톨릭대학교의 신부님 숙소에까지 찾아가 개인적인 문제를 은밀하게 말씀드렸던 인연은, 그분과 가까웠으며 그분께 교리 교육을 받고 영세領洗하신 아버지 때문이었다. 1950년대말, 가난하고 혼란스러웠던 세월 속에서 아버지, 어머니, 그리고 우리 형제들 모두가 자신의 개인적인 일까지 무시로 들고 가 신부님과 상담하고 자문을 구했다. 그때마다 지혜로운 해결 방법이나 충고를 들으며 도움을 받아왔다.

1959년에 나는 칠 개월의 준비 과정을 거쳐 가톨릭 세례를 받았다. 첫 네 달은 윤형중 신부님의 교리 강좌를 들었다. 그리고 최민순 신부님으로부터 "네 믿음이 굳건히 서기를 바란다"는 말씀과 함께 '라우렌시오'라는 세례명을 받았다. 그렇게 해서 나는 혜화동성당에서 평생의 기억 가운데 가장 행복하고 기쁜 날을 맞았다.

얼마 뒤, 초가을의 어느 날 신부님께서 우리 집을 방문하셨는데 아랫방에 있던 나를 불러내고 환하게 웃으시면서 영세를 축하한다는 말과 함께 노란 국화꽃 세 송이를 선물해주셨다. 신부님은 "네가 세례받던 시간에 너를 위해 기도했다"라며 내 등을 두드려주셨다. 기쁜 마음으로 꽃을 받아들고 내 방에 들어오니 여느 국화와는 다르게 어찌

나 향기가 진하고 좋던지 몇 번이나 다시 꽃내음을 맡게 만들었다.

그즈음 나는 월간 문예지 『현대문학』을 통해 시인으로 등단했다. 잡지사에서는 등단하는 모든 신인에게 잡지의 한쪽을 할애하여 '추천 완료 소감'이라는 글을 쓰게 했다. 나는 〈최민순 신부님께〉라는 제목으로 편지 형식의 글을 썼다. 지금은 기억이 조금 흐릿해졌지만 아마도 힘든 의과대학생활을 잘 견뎌내고 앞으로 좋은 가톨릭 시인이 될 수 있도록 도와주십사 하는 글이었을 것이다.

그 추천 완료 뒤 타국을 겉돌며 모질게 살아온 내 세월이 오십 년이 넘었다. 몇 해 전 봄에는 '시단 경력 50년'을 기념해준다며 젊고 뛰어난 시인 몇몇이 주머닛돈을 모아 대학로의 한 소극장을 대여해 무대까지 근사하게 장식하고 '등단 50주년 기념 시낭독회'를 열어주었다. 시인이라는 명칭을 받은 뒤 이런 경사는 내게 없던 일이었다. 참석해준 사람들도 이구동성으로 더할 수 없이 아름답고 감동적인 모임이었다고 말했다. 한데 나는 그 오십 년 전, 내가 신부님께 썼던 대로 좋은 가톨릭 시인이 된 것일까? 아니다. 물론 아니다. 내가 생각해도 어림없다.

신부님은 내 아버지가 돌아가셨을 때 직접 장례미사를 집전해주셨다. 그리고 신부님은 그로부터 십 년 뒤 가톨릭대학교 숙소에서 갑자기 돌아가셨다.

그리고 몇 년 후, 나는 아는 신부님을 따라 용산성당 뒤 작고 아담한 곳에 있는 최민순 신부님의 산소 앞에 섰다. 그때가 마침 가을이

어서 나는 국화꽃 몇 송이를 들고 갔었다. 그러나 내 추억 속의 그 향기 좋던 노란색이 아닌 흰색 국화꽃이었다.

신부님이 모셔진 곳은 가을 햇살이 너무 푸근해 혼자 산소 앞에 앉아 신부님과의 옛 생각을 하느라 시간 가는 줄 몰랐다. 문득 정신을 차리고 보니 내 뺨에는 눈물의 흔적이 있었다. 나는 나중에 유작으로 발견된 신부님의 시를 조용히 산소 앞에서 읽기 시작했다. 갑자기 들고 간 국화꽃이 싱글거리며 웃는 환영이 보였다. 그 미소는 늘 부끄러워하시는 듯 웃던 신부님과 너무 많이 닮아 있었다.

받으시옵소서
황금과 유향과 몰약은 아니더라도
여기 육신이 있습니다 영혼이 있습니다

본시 없던 나 손수 지어 있게 하시고
죽었던 나 몸소 살려주셨으니
받으시옵소서
님으로 말미암은 이 목숨, 이 사랑
오직 당신 것이오니 도로 받으시옵소서
(중략)
님께 바칠 내 것이라곤
이밖에 또 없사오니
받으시옵소서 받아주시옵소서

가난한 채 더러운 채
이대로 나를 바쳐 드리옴은
오로지 님을 굳게 믿음이오라
전능하신 자비 안에 이 몸이 안겨질 때
주홍 같은 나의 죄 눈같이 희어지리다
진흙 같은 이 마음 수정궁처럼 빛나리다

— 최민순, 「받으시옵소서」

더 따뜻하고, 더 간절한

　나는 화가도 아니고 미술비평가도 아니다. 미술대학을 나온 화백의 제자도 아니고 그림에 대해 학구적인 연구를 한 사람도 아니다. 그래서 어디서도 내가 장욱진 화백의 그림을 안다고 말할 주제는 되지 못한다. 그럼에도 불구하고 나는 가끔 눈치를 봐가면서 회심의 깃발을 올리곤 하는데, 그 깃발이라는 것은 그 옛날 선생님이 내 처녀 시집을 위해 그려주신 작은 삽화 네 장을 말한다. 아주 오래전, 1960년에 출간된 내 처녀 시집 『조용한 개선』에는 선생님이 그려준 펜화가 실려 있다.
　『조용한 개선』은 의과대학 본과 2학년 때 같은 반이던 한 친구가 자기 집이 출판사를 한다며 문단에 등단한 지 일 년도 채 안 된 내게 처녀 시집을 출간해주겠다고 제안해서 만들어진 책이다. 그 당시는 몇 해의 긴 전쟁이 겨우 끝나고 나라가 가난과 허기로 피폐해지고 궁핍이 절정이던 시절이었으나 친구는 격에 맞지 않게 값비싼 분홍빛 양장으로 표지를 씌워 시집을 만들었다. 나는 부끄러움도 잊고 허영에 눈이 멀어 시집 제목은 아버지께, 서문은 은사인 박두진 시인께 부탁드렸다. 그리고 평소 늘 존경해오던 장욱진 화백의 삽화를 책에 넣게 해달라고 아버지를 졸라댔다. 그 당시 명륜동 2가에 살던 장욱진 화백과 아버지가 아침 산책에서 자주 만나고 또 혜화동 로터리에 있던 가나안 다방에서 커피를 마시며 가까이 지내시는 것을 알고 있던 터였다. 아버지는 내 성화에 못 이겨 한번 말씀을 드려보겠노라 했고 며칠 후 나는 아버지와 함께 장욱진 화백 댁에 찾아가 처음으로 인사드릴 수 있었다.

　선생님은 1950년대 후반부터 1960년대 초반까지 명륜동 2가의 좁은 골목길에 사셨다. 두 팔을 벌리면 양쪽 벽이 손에 닿을 듯한 좁은 골목길의 유일한 이층집. 그러나 어딘지 모르게 장난감 집 같은 인상을 주는 1층과 2층의 중간 정도 되는 어정쩡한 키를 가진 건물. 선생님의 어느 그림에서 보았을 것 같은 회색빛 벽으로 아주 작은 창문이 하나 있었다. 나는 그때 명륜동 3가에 살았는데 어릴 때부터의 내 단짝이 선생님 댁과 가까운 2가에 살고 있어서 나는 이틀에 한 번 정도는 그 골목길을 지나다녔다. 우리들은 명륜동, 혜화동을 쏘다니다가 선생님이 고개를 숙이고 생각에 잠긴 듯 땅만 보고 걷는 모습도 자주 뵈었고, 어떤 때는 술에 담뿍 취해서 느슨하게 걷는 모습도 뵈었다.

선생님은 대개 색이 진한 스웨터나 양복을 입으셨는데 어떤 때는 예쁜 베레모를 쓰고 계시기도 했다.

아버지의 부탁이 주효했는지 선생님은 흔쾌히 삽화를 그려주겠다며 시집 제목과 소제목도 자상하게 물으셨다. 다시 오라고 한 날을 기다렸다가 찾아뵈니 참으로 감격스럽게도 작은 펜화 네 장을 꺼내놓으시며, 시집 시작 부분과 「해부학 교실」 「연가」 「동화사 가는 길」에 각각 어느 삽화를 넣으라고 자상히 일러주셨다. 그때 그 펜화 네 장을 받아들고 명륜동 골목길에서 환호작약하던 감격이 오늘까지도 내 몸에 생생하다. 그렇게 고급스럽게 탄생한 시집이 내 초라한 시들을 다 감춰주어서인지 나는 그 시집으로 그해 연세대학교가 만든 제1회 '연세문학상'과 큰 상금까지 받았다.

당시 명륜동, 혜화동에 살던 대부분의 사람들은 장화백과 내 아버지를 엇비슷한 인상으로 알고 있었다. 내가 알기로 두 분은 허름한 차림으로 함께 아침 산책을 즐기시고, 술을 좋아하시고, 일상 자체가 소탈하셨다. 한 분은 동화를 쓰고, 한 분은 맑고 투명한 동심의 그림을 그렸기 때문일 것이다. 그리고 무엇보다 두 분이 예술가로서 또는 한 인간으로서 항상 순도 높은 자부심을 지니고 생활하셨기 때문이었을 것이다.

월간 문예지인 『문학사상』 1976년 1월호는 선생님이 그린 〈마해송 초상화〉가 표지로 쓰였는데, 기왕의 다른 문인 초상화와는 전연 다른 그림이었다. 다른 초상화들은 초상화답게 얼굴이 크게 그려진 데 비해 아버지의 초상화는 얼굴이 새끼손톱보다 작게 그려져 있다. 전체를 크레용으로 그린 이 초상화엔 지팡이를 든 아버지가 한쪽에 서 있고, 그 뒤로는 아이들이 만세를 부르며 강아지와 해와 달과 작은 집 한 채가 분홍색 배경에 한데 어우러져 있다. 당신이 동화작가였다는 것을 극명하게 보여주면서 바로 '마해송 분위기'를 따뜻한 정감으로 표현하고 있다. 그 잡지에는 〈표지그림 설명〉이라는 제목으로 장욱진 선생님의 짧은 글이 아래와 같이 실려 있다.

(상략) 그와 나는 어찌 보면 같은 세계의 사람이기도 하다. (중략) 그는 작가로 나는 화가로서 동심의 세계를 예산하고 그 속에 묻혀 살기를 동경하지 않았던가. (중략) 내가 명륜동 살 적에 마해송 선생도 명륜동에 살고 있었다. 그도 아침 산책을 즐기고 나도 아침 산책을 꼭 나가는 편이라 그것이 인연이 되어 그후 아주 가까워지게 되었다. 나도 그의 동화를 좋아했으나 그도 나의 그림을 좋아하여 우리 집 아틀리에에 와서 그림 구경을 하곤 했다. 이젠 다시는 볼 수 없어 나는 그를 그림으로 그렸다. 우리는 아침 산책길에서 만났고 아이들 이야기를 했고 그때 하늘에는 달과 해가 친한 동무처럼 떠 있었다는 이야기⋯⋯ (하략)

아버지는 장욱진 선생님이 그 초상화를 그리기 십 년 전에 돌아가셨다. 돌아가신 아버지와 엇비슷한 인상이셨던 장욱진 선생님의 그림을 볼 때면 더 가슴이 저리고 더 간절하게 다가오는 느낌이 든다.

나는 그분의 그림에서 극도로 생략된 구도와 신비한 색감이나 동화적인 몽상의 가는 직선과 곡선을 정말 좋아해왔다. 그 모든 동심의 천진성이 어우러진 절제된 한국의 정서와 사연은 아직도 나를 전율케 하기에 미진함이 없다.

거기에다 한을 털어내고 비상하는 새들과 산중에 기우뚱 서 있는 작은 절간, 추녀 끝에서 들리는 풍경 소리는 세상의 그 어느 화가보다 한 수 더 깊고, 한 수 더 따뜻하고, 한 수 더 간절한 것이라고 자랑하지 않을 수 없다. 가끔 선생님이 그려주신 내 시집의 작은 펜화를 다시 펼쳐보면 오십 년 전 혜화동 로터리 근처로 걸어가던 가는 어깨가 이 먼 외국 땅에서도 보이는 듯하다.

관념이 아닌 가을 오후

　뉴욕에서 급한 일을 마친 다음날 김정기 시인과 정신과 의사인 서량 시인을 만났다. 함께 점심식사를 마치자마자 우리는 시내에서 자동차로 한 시간 반 정도 달려 뉴저지 주의 러더퍼드라는 도시에 도착했다. 상상했던 것처럼 그림같이 아름다운 마을이었고 가을을 알리는 가는 빗방울이 촉촉하게 떨어지고 있었다. 내가 의대를 졸업한 얼마 후부터 수십 년 동안 최고의 관심과 존경을 보내왔던 시인이 살았던 마을. 나는 혼자 흥분이 되어 공중을 나는 듯했다.
　내가 계획하고 우리가 함께 약속했던 일은 미국 현대시의 대부, 의사이자 시인 윌리엄 칼로스 윌리엄스William Carlos Williams가 살던 집을 방문해 그가 평생을 동네 의사로 살았다던 마을을 구경하고, 함께 그

에 대한 글을 쓰는 것이었다. 도시라고 부르기에는 너무 작고 마을이라고 부르기에는 좀 큰, 아담하고 깨끗한 동네에는 영화관이 하나, 피자집 같은 식당이 대여섯 개, 윌리엄스관이라고 부르는 동네 한복판의 공연장이 하나 있었다. 시간이 맞지 않아 문을 닫아건 공연장 안을 엿보니 중앙 로비에는 눈에 익은 윌리엄스의 사진 여러 장이 걸려 있고 그의 시집인 듯한 책들도 진열되어 있었다.

마을 한복판에 적당히 주차를 한 우리는 동네 가게에 들러 우리가 알아온 주소를 주면서 릿지 가 9번지의 집을 물었다. 상점 주인이 가르쳐준 대로 그곳을 찾아가면서 색색의 아름다운 단풍이 비에 젖어 융단처럼 덮여 있는 보도를 걸었다. 우산을 받치자니 좀 거추장스럽고 안 받치자니 옷이 너무 젖을 것도 같아 우산을 썼다 접었다 하며 골목길을 걸어 유명한 릿지 가 9번지를 찾았다. 아직도 비가 내리는 그 집 앞에 엉거주춤 서서 그곳에서 합류한 최경숙 시인의 솜씨로 사진을 찍기도 했다. 윌리엄 칼로스 윌리엄스가 평생 식구와 함께 거주했던 안채의 집과 환자를 진찰하고 처방해주던 바깥채의 진찰실을 두리번거리며 구경하다가 바로 지금 그가 바쁘게 환자를 진찰하는 모습을 보는 듯한 느낌에 마음이 훈훈해지기도 했다.

그가 1963년에 정부와 언론과 문단의 엄청난 각광을 받으며 장례식을 치를 때서야 많은 이들이 처음으로 그 마음 좋은 동네 의사가 세계적인 시인이었다는 것을 알았다는 일화가 있다. 또한 그를 회상하는 동네 사람들은 모두 그가 친절한 의사였고 평생 동네에서 제일 바쁜 사람이었다고도 증언했다. 미망인 후로시는 그의 서거 후 그를 회상하는 자리에서 '그의 흰 가운은 거의 매일 그의 허락 아래 빨아야 했는데, 그 이유는 바쁘게 환자를 보다가 갑작스레 시상이 떠올라도 환자 때문에 어디로 갈 수도 없어 급한 대로 영감의 시 한 줄을 입고 있던 흰 가운에 썼기 때문'이라고 했다. 물론 그가 대부분의 초고를 쓴 곳은 가운이 아니라 그의 처방전이었다. 또한 동네 사람들의 진술에 의하면, 1930년대 대공황 시절에는 돈도 받지 않고 수많은 환자를 시술했고 수십 년 가정의로 지내는 동안 3천여 명의 출산을 도와 어시간힌 동네 사람들은 모두 그가 받아낸 아이들이었다고도 했다.

그렇게 그는 완벽하게 의사와 시인의 두 활동을 평생 이어왔다. 아내 후로시와 결혼한 뒤로는 산부인과와 소아과를 특별히 더 공부했고, 가정의로 개업하기 위해 처음 이사왔던 바로 그 집에서 그는 나머지 생을 살았다. 그 집에서 친구나 후배 시인을 만났고, 인터뷰도 했고, 그가 여든이 되던 해에 죽음도 맞았다.

그가 펜실베니아 의과대학에서 사귄 같은 학교 문과대학의 학생이었던 시인 에즈라 파운드Ezra Pound와의 돈독한 우정은 세상에 널리 알려져 있다. 그들은 어디서나 서로를 도우며 평생의 좋은 친구이자 동료 시인으로 살았다. 그러나 파운드는 대학을 졸업한 후에 영국으로 건너갔고 나중에는 이탈리아의 독재자 무솔리니의 파쇼 정부 정책에 적극 찬동하면서 제2차세계대전 중에는 조국인 미국을 배반하고 이탈리아를 위하는 선전 방송에까지 열중했다. 그런 파운드는 이탈리아가 패전하자 전쟁범죄자로 종신형의 철창신세가 되었다. 그러나 그것을 안 윌리엄스는 끝까지 그를 보호하고 적극적으로 감싸주어 종신형

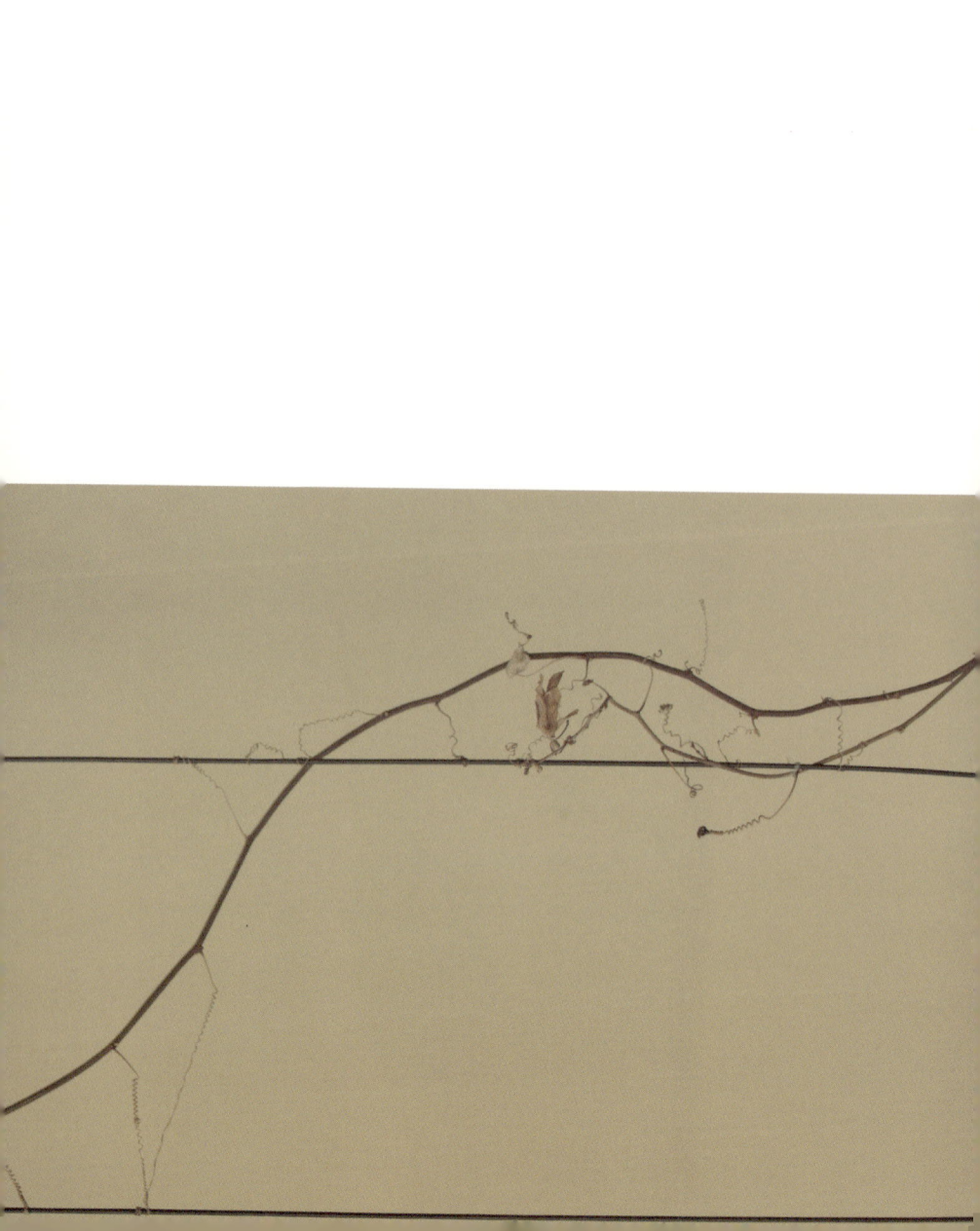

의 전쟁범을 정신병 환자로 둔갑시킬 수 있었다. 그렇게 파운드를 정신병동으로 옮겼고 몇 년 후에는 헤밍웨이를 비롯한 많은 미국 문인들과 함께 그를 퇴원시켜 자유의 몸으로 이탈리아로 돌아가게 도왔다. 이 와중에 윌리엄스 자신은 파운드를 필요 이상으로 두둔하려 했다는 이유로 공산주의자로 몰리기도 하고 국립도서관 고문에서 해임되기까지 했다.

통상적으로 20세기 초반의 대표적 미국 시인으로는 상기한 에즈라 파운드와 T. S. 엘리엇T. S Eliot, 월러스 스티븐스Wallace Stevens와 윌리엄스를 꼽는다. 그들 중 파운드는 조국을 일찍이 떠나 배신까지 한 시인으로 낙인됐다. 엘리엇 역시 영국을 동경하다가 영국 국적으로 귀화해버렸고, 스티븐스는 보험회사 운영에 바쁜데다가 자기중심적 성격으로 시단의 중심이 되지 못했다. 그에 반해 윌리엄스는 그렇게 바쁜 의사생활 중에도 유니크한 미국적 문학을 일관되게 주창해왔다. 한편으로는 찰스 올슨Charles Olson이나 앨런 긴즈버그Allen Ginsberg 등 뛰어난 미국 시인을 띄워주고 도와주어 20세기를 관통하면서 자연스레 미국을 대표하는 시인으로 자리매김하게 되었다.

윌리엄스는 처음에는 파운드와 함께 이미지즘의 시운동에 참여했지만 중년에 접어들면서 자신만의 시 세계를 구축했고 후세 시인들이 명명한 객관주의Objectivism적 시로 간단하고 의미 깊은 시들을 썼다. 그는 사변적이고 난해한 시보다는 짧고 쉬우면서 사고의 전개가 뚜렷한 생활시를 많이 썼다. 과장된 상징주의를 배제하고 평범한 관찰을 기본으로 사물과의 직접적인 접촉을 강조했고 그 대면을 통해 감각의 면밀한 검증을 즐겨 다루었다. 그는 거창한 사상이나 이론, 관념의 올가미를 적극 배격하고 사소한 것을 주제로 사물과 사물의 관계를 주시했다. 말하자면 그가 평생을 지켜온 '관념이 아닌 사물 그 자체no ideas but in things'라는 그의 주장이 그의 시를 관통하는 큰 줄기가 되었다.

또 윌리엄스는 자신이 주장하는 생활 방식이나 이상적인 문학의 길이 자신과 크게 달라도 그를 따르는 젊은 시인들을 적극 뒷받침하기도 했다. 특히 그들 중 반전주의자이며 젊고 과격한 시인인 앨런 긴즈버그를 시종 감싸주고 용기를 북돋워주었다. 그래서 긴즈버그의 첫 시집이자 나중에 미국 문단에 센세이션을 일으킨 시집 『아우성Howl』에 깊이 있고 아름다운 서문을 써주어 미국 문단으로부터 여러모로 놀라운 반응을 얻기도 했다.

나는 동행한 서시인에게 내가 왜 이곳에 오고 싶어했는지를 이야기하고 내 의도에 함께 동참해주기를 청했다. 그것은 한국문학의학학회의 학회지인 『문학과 의학』이란 잡지에 〈의사 문인을 찾아서〉라는 연재물이 있는데 100매 내외로 나와 함께 시인 윌리엄스에 대해 글을 써서 발표하자는 것이었다. 서시인은 그 자리에서 쾌히 승낙했고 우리는 각자 역할을 분담하여 원고를 쓰기 시작했다. 그런데 우리들의 의욕이 과했던 것인지 한 달 후에 원고를 모아보니 약속한 매수의 세 배가 되는 바람에 분량을 줄이느라 즐거운 고생을 하기도 했다. 그렇게 애써서 쓴 원고의 매수를 줄이면서 다음번에는 길이에 얽매이지 않도록 아예 번역 시집을 출간해보는 게 어떨까 하는 생각까지 했다.

그래, 나도 어쩌다 좋든 싫든 미국이란 나라에서 미국의 의사로 산 지가 수십 년. 게다가 평생을 한국의 시인으로 살아왔으니 어떤 면에서는 윌리엄스와 통하는 부분도 있지 않겠는가. 그가 그의 시에 영어라는 자부심을 나타내기 위해 일부러 관용구와 이디엄^{idiom}을 많이 썼으니 윌리엄스의 시 번역은 아무래도 미국에 오래 산 내가 한국의 상아탑 영문과 교수보다 나을 수도 있겠다는 생각이 들었다.

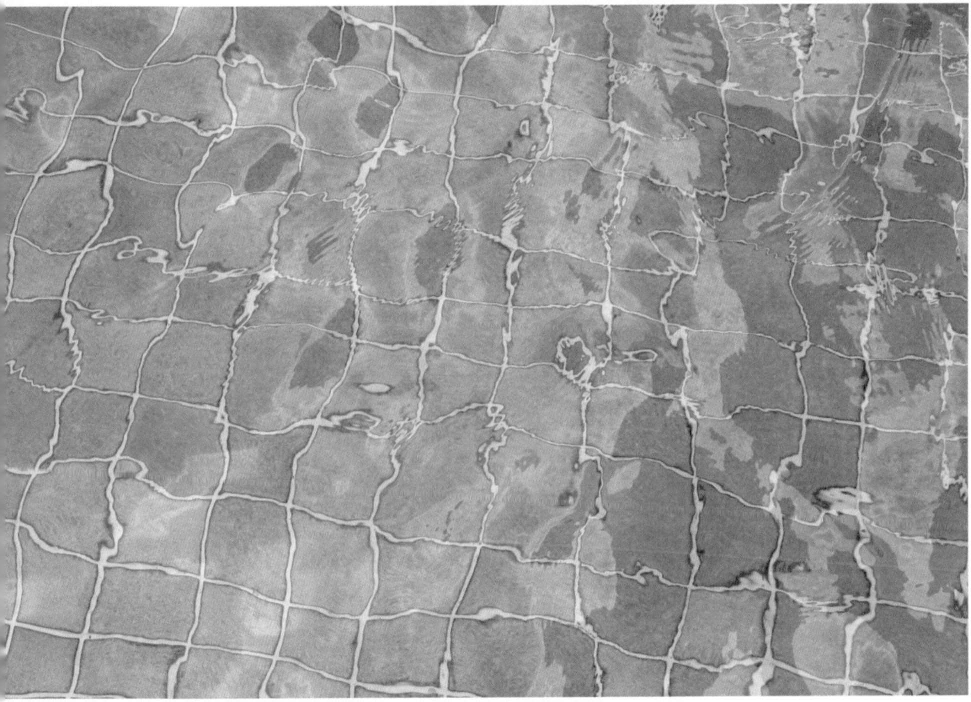

2부. 당신이 와서야 파란 하늘이 생겼다

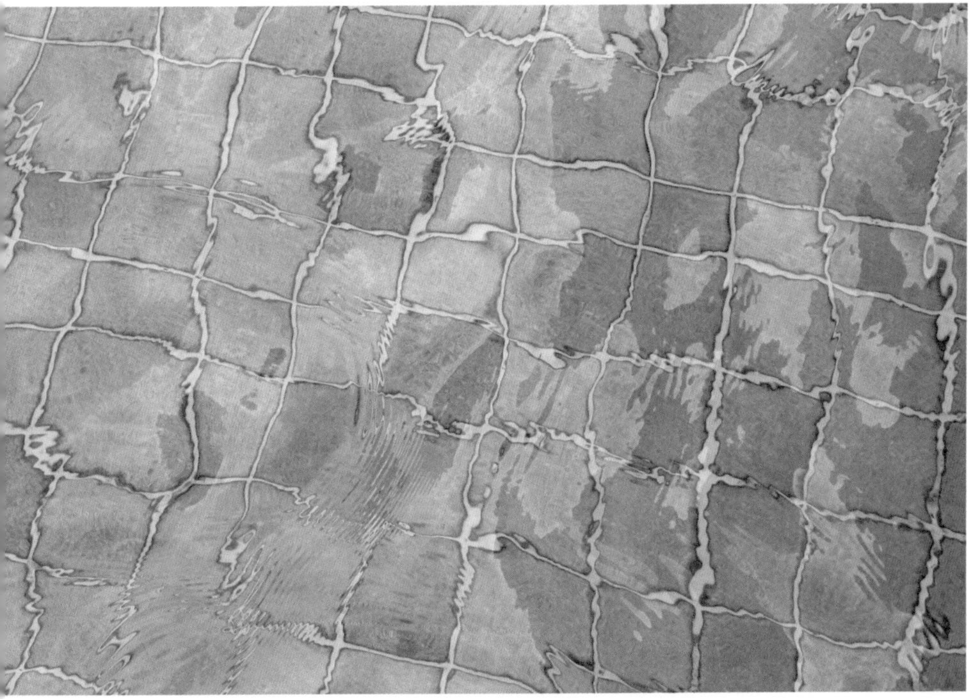

내가 좋아하는 꽃

　꽃을 좋아하지 않는 사람이 어디 있으랴. 어느 정도로 좋아하고 어느 꽃을 특별히 좋아하는지는 각자의 취향이겠지만 나 역시 살아오면서 남들과 같이 여러 가지 꽃을 좋아했다.
　어릴 때 나는 아카시아꽃을 좋아했다. 좋아하게 된 이유는 4~5월이 되면 무식할 정도로 덩치 큰 나무를 완전히 뒤덮는 희고도 흰 꽃들과 정신이 멍멍해질 정도로 사람을 취하게 만드는 진하고 감미로운 꽃향기 때문이 아니었다. 내가 아카시아를 좋아하게 된 이유는 안타깝게도 배고픔 때문이었다.
　한국전쟁이 발발한 것은 내가 초등학교 6학년 때였다. 서울에 살던 나는 그 여름의 전쟁 동안 석 달 가까이 먹을 것이 없어 자주 굶을 수밖에 없었다. 나는 친구들과 길거리를 헤매면서 아카시아꽃으로 허기를 달래곤 했다. 그때 우리는 창경궁 돌담길 가까이에 살았다. 아무도 지키지 않는 창경궁에 거의 매일 담을 넘어 들어가 먹음직한 아카시아를 따 꽃송이째로 우걱우걱 먹으면서 빈 배를 채웠다. 물론 처음에는 달콤하고 향기로운 것이 제법 먹을 만했지만 한참 먹다보면 무슨 이유에서인지 헛구역질이 났다. 꽃을 토해내지 않을 정도로 적당히 먹는 것이 그 당시 우리 또래의 꽃 먹기 기술이기도 했다.

아마도 그런 인연으로 나는 늘 아카시아꽃이 좋았고 중학생 때에는 「아카시아꽃」이라는 동시를 지어 학생 잡지에 투고해 당선되었다. 그리고 언제부턴가 그 동시는 중학교 3학년 교과서에도 실렸고 어느 작곡가가 그 동시에 곡을 붙여 노래로도 한참 불려졌다. 그후 적어도 십여 년, 4월과 5월이 되면 언제나 그 어린 날의 황홀한 아카시아꽃이 생각나곤 했다. 그리고 몇 해 전에도 나는 비슷한 이야기를 시로 써서 발표하기도 했다.

아, 저 먹이!
저 맛있는 꽃!
굶주림에 지친 나를 살려준 꽃
헛구역질의 꽃향기도 기억난다.
아, 저 황홀한 먹이!
(중략)
몇 송이째 씹어 먹고 또 먹던

그 여름, 저 흰 향기의 밤.
(하략)

― 졸시, 「아카시아꽃」

나이를 좀더 먹고 배고픔의 고통에서 겨우 벗어난 후에는 나는 어느 틈에 아카시아꽃의 고마움을 잊고 아카시아와는 아주 대조적인 작고 얌전한 모습으로 숨어사는 흰 은방울꽃, '콘발라리아'라는 학명의 꽃을 좋아하게 되었다. 조롱조롱 달린 흰꽃은 잎에 가려 잘 보이지도 않고 다소곳이 고개를 숙인 게 마치 여성의 수줍음 같아서 좋았다. 이게 무슨 꽃인가 하고 가까이 가면 환상적인 꽃향기를 풍겨와 사람을 놀라게 하는 깊은 매력을 품은 꽃. 독일에서는 '하늘로의 계단'이라는 꽃말을 가지고 있다니 젊은 날의 나를 완전히 매료시키기에 충분했다.

내 천성이 튀는 것을 좋아하지 못해서인지 화려한 색깔과 아름다운 모양새를 갖춘 품위 있는 장미를 별로 좋아하지 않았다. 아마도 그 자신만만함과 거만한 듯한 우아함에 미리 질려버린 탓인지도 모르겠다. 생텍쥐페리의 동화 『어린 왕자』에서 주인공 왕자가 아름다운 장미의 불평과 불만을 다 들어주고 들어주다가 너무나 힘들어 도망쳐버리는 모습을 본 후 나는 아예 장미 근처에도 안 가겠다고 혼자 마음을 다잡아먹은 적도 있었다.

어쨌든 나도 여러 가지 꽃들을 좋아하며 살아왔다. 특히 늦봄까

지 피어 있는 향기 좋은 흰 백합이나 노란 수선화의 아름답고 고결한 모습은 언제나 내겐 꽃 중의 왕으로 보인다. 그런가 하면 가을이 오는 길목에서는 무더기로 피어 하늘거리는 코스모스가 가슴에 여울져왔고, 나라꽃인 무궁화의 이슬을 머금은 모습은 언제나 우아해서 좋았다. 가을이 좀 짙어지면 국화의 담백한 자태와 향기도 좋았다. 의연한 결기와 초연한 고고함으로 보자면 초봄의 눈 속에 핀 붉은 매화를 누가 따를 수 있으랴. 그러나 철철이 즐겨온 이런 꽃구경은 눈과 마음이 잠시 스쳐지나며 즐겼던 것이어서 요즘 내가 즐기는 꽃들과는 어딘가 즐김의 깊이가 다르다.

 내가 미국의 의사생활에서 은퇴를 한 후 우리 가족은 추운 곳을 떠나 따뜻한 남쪽을 찾아 플로리다 주에 정착하기로 했다. 그러나 겨울의 따뜻한 기후는 마음에 들었지만 여름에는 너무 덥고 습해서 숨 쉬기조차 힘들 때가 많았다. 그래서 우리는 고국에서 봄과 가을을 지내고 여름에는 미국 북부 쪽의 아이들이나 친구 집을 돌며 지내왔다. 그렇게 십 년이 지나갔다. 이제는 이런저런 사정을 다 부여잡고 플로리다에 정을 붙이려고 주위를 살피는데 그중에 관심이 솔솔 가는 것이 꽃 보기와 꽃 키우기였다. 혹 꽃을 잘 아는 누가 이 글을 읽으면 나를 비웃을지 모른다. 왜냐하면 내가 꽃 보기나 꽃 가꾸기라고 거창하게 말하는 꽃은 이 지방에서는 가장 흔하고 싸고 또 비교적 쉽게 잘 자라는 것들이기 때문이다.

 내가 우리 집 앞뒤에 키우는 꽃은 부용화인 히비스커스와 부겐빌레아 혹은 종이꽃이라고 부르는 꽃이다. 물론 내가 꽃을 많이 알아서

이 꽃들을 집 주위에 심은 것이 아니라 그저 쉽게 구할 수 있고 키우기 쉬워서 일 년 내내 피고 지는 이 꽃들을 보고 즐기는 것이다. 그런데 꽃나무 전체를 완전히 덮을 정도로 아름답고 탐스럽던 원색의 꽃들이 육칠 년이 지나자 시들시들해지기 시작하면서 싱싱하던 나뭇잎들까지 힘을 잃었다. 우리 꽃을 늘 부러워하던 한국 이웃들이 '당신 집의 그 무궁화꽃들이 늘 보기 좋더니 요즘에는 예전만 못하게 시들해 보이네요'라며 걱정하기까지 했다.

히비스커스를 보고 동네 한국 교포들 중에는 그 이름 대신 아예 무궁화꽃이라고 부르는 이가 많다. 꽃잎의 모양도, 유난히 당당하고 긴 꽃술도 무궁화와 닮았다. 단지 무궁화는 그 꽃잎이 옅은 분홍이며 꽃잎의 가운데 쪽이 자줏빛을 보이는 것에 비해, 히비스커스는 서식지가 상하常夏의 지방이어서인지 꽃잎 전체가 한 가지 색으로 빨갛거나 분홍, 노랑 같은 단색을 띤다. 꽃은 무궁화보다 좀더 커서 아침마다 수백 송이의 꽃이 한꺼번에 피면 나무를 완전히 가려버릴 정도로 풍성하고 화려하다. 특히나 우리 것은 히비스커스 종류로는 흔하지 않은 관목이어서 그 모양이 좀더 우아하게 보인다.

한편 우리 집 뒤쪽에서 경계의 역할까지 해주는 부겐빌레아의 관목 역시 더운 지방 특유의 원색으로 붉거나 희거나 분홍빛이다. 그런데 이 꽃의 특징 한 가지는 작은 꽃잎이 단색이면서 편편하고 얇게 잘 펼쳐져 있고 완전히 말라버린 듯 물기가 없다. 자세히 보면 꼭 작은 색종이 몇 장이 함께 붙어 있는 것 같다. 꽃잎 한 장 한 장은 비록 작지만 이것 역시 일 년 내내 나무를 완전히 덮어버릴 정도로 무진장

꽃을 피워내 수만 개의 원색 꽃이파리를 보면 아름답다는 말이 저절로 나오고 만다.

동네 사람들이 알아볼 정도로 이 꽃들이 시들어가는 게 조금은 부끄럽기도 하여 나는 난생 처음 정원사 노릇을 해보겠다고 나섰다. 나는 우선 화원에 들러 정원사에게 어느 비료가 우리 집의 꽃에 좋은지를 묻고 그가 추천하는 것을 샀다. 그때까지 나는 꽃이면 다 같은 비료를 주는 줄 알고 있을 정도로 무식했다. 나는 대학의 예과 시절 식물학만은 언제나 1등을 놓친 적 없을 정도로 좋아했는데, 실제로 꽃을 키우는 것은 그런 이론과는 아무 상관이 없었다. 몇 번의 시행착오를 거쳐 어느 정도의 비율로 비료와 물을 섞고, 얼마나 자주, 또 나무의 크기에 따라 한 번에 얼마만큼의 비료를 주어야 하는지를 마당에서 배울 수 있었다.

그러다가 나와는 인연이 전연 없을 것 같던 꽃 키우기에 솔솔 재미가 붙기 시작했다. 물론 내가 재미있다고 하는 것은 비료와 물을 섞거나 물 주는 행위가 아니다. 비료를 주고 목을 축여주면 꽃들이 눈을 반짝 뜨고 고맙다고 말하는 듯한 착각에 빠진다거나 시들하던 꽃들이 비료를 준 다음날이면 싱싱하고 생기 돋은 수천 개의 새 얼굴로 나를 보고 활짝 웃는 모습을 보이는 것이었다.

그렇게 해서 나는 내가 비료를 주고 잎을 닦아 키운 내 꽃들과 새로운 관계를 맺었다. 관계를 맺지 않은 꽃들은 아름다울지는 몰라도 그 이상 내 관심을 끌지 못한다. 아무리 꽃이 환해도 그냥 그러려니 할 뿐, 큰 감흥이 없다. 그 꽃들은 내게 가슴 벅찬 기쁨을 주지 않기 때문이다. 이제 내가 제일 좋아하는 꽃은 그 이름이 무엇이든 내 손을 뻗어 내 시간과 정성을 들인 꽃이란 것을 알았다. 그런 이상하고 특별한 관계에서 오는 인연과 기쁨과 관심은 사람과 사람 사이에도 틀림없이 존재한다는 것을 새삼 느끼면서 나는 오늘도 꽃에 맞는 비료를 찾아 꽃집으로 향한다.

눈물의 이유

하느님
나를 이유 없이 울게 하소서.

눈물 속에서
당신을 보게 하시고
눈물 속에서
사람을 만나게 하시고

죽어서는
그들의 눈물로 지내게 하소서.

「기도」라는 내 시다. 짧아서 그랬는지 많은 이들이 좋아해주었다. 지금은 돌아가신 아동문학가 어효선 선생이나 시인 김구용 선생이 이 시를 붓글씨로 써 보내주셔서 나는 아직도 그것을 귀하게 간직하고 있다.

나는 어릴 때부터 눈물이 많은 편이었다. 하지만 몸이 너무 아프거나 고통을 참기 어려워서, 혹은 무섭고 힘들거나 억울해서 운 기억은 별로 없다.

한데 나는 영화나 드라마를 보다가 슬픈 장면에 자주 눈물을 흘렸고, 명곡이나 뛰어난 고전이 아니더라도 음악을 듣다가 혹은 글을 읽다가 감동해서 울기를 잘했다. 오죽 못났으면 내가 쓴 시를 다시 읽으며 눈물을 흘리겠는가. 나는 내가 쓴 시 중에서 십여 편은 절대로 대중 앞에서 낭독하지 않는다. 그 시들을 읽다가 눈물이 나서 끝까지 낭독하지 못한 적이 있어서다. 같은 이유로 인해 부르지 않는 노래도 있다.

내가 가장 자주 눈물을 흘리는 곳은 우습게도 미사가 한창인 성당 안이다. 오 년에 한 번 정도 잠시 귀국했던 1970년대, 80년대초에는 고국의 성당에 들어가 미사 시작 전 성가대 연습 소리만 들어도 눈물이 펑펑 쏟아졌다. 그 병은 차츰 많이 나아졌지만 요즘도 특히 〈주님의 기도〉를 노래로 바칠 때 눈물을 흘리곤 한다.

눈물을 흘리는 이유는 물론 감사하는 마음이 커서다. 물론 인연을 다하지 못한 혈육의 정 같은 것들이 그 이유라고 말할 수도 있겠다. 그러나 미사중에 번번이 눈물을 흘려 주위 사람을 당황하게 만드는 나는 스스로 사내답지 못하고 의사답지 못하다는 자격지심을 털어 낼 수가 없었다. 감정 표현이 너무 헤픈 것 아니냐고 놀림을 당할까봐 눈치도 보이고, 혹여라도 정신과 의사가 옆에서 보고 '정서 불안'이라는 진단을 내리진 않을까 신경이 쓰이기도 했다.

그러다가 언젠가 '눈물은 진정한 용기이자 겸손'이라는, 또 '눈물은 영혼의 부동액'이라는 글을 읽은 후부터 나는 그 말을 아전인수 격으로 해석하면서 내 자격지심에서 천천히 벗어날 수 있었다. 부동액은 겨울철에 자동차 엔진이 얼지 않게 하기 위해 넣는 액체다. 영혼을 자동차 엔진에 비교하는 것이 좀 그렇기는 하지만 영혼이 늘 차거나 얼어 있어서 가까이 다가가기 힘든 사람, 나보다 못한 이를 외면하고, 이기심이 산같이 높아 이유 없이 남을 쌀쌀맞게 대하고 비하하려는 마음과 교만이 모두 얼음처럼 차가운 영혼에서 연유하는 것이 아니겠는가. 그 영혼을 따뜻하게 유지하기 위한 부동액이 바로 눈물이라면 눈물은 인간에게 얼마나 귀한 것이겠는가.

내가 따뜻한 영혼을 가지고 한평생을 살고 싶다면 남보다 많이 흘리는 눈물을 부끄러워하지 않아도 된다는 생각이 들었다. 그래서인지 꼭 무슨 이유가 있는 눈물보다 막연히 그냥 흘러내리는 눈물이 마음에 다가왔다. 외로워서, 슬퍼서, 또 누가 보고 싶어서 눈물이 나기도 하지만 내가 흘리는 눈물은 대개가 감사하는 마음이 사무칠 때인 것 같다.

눈물을 많이 흘리면 눈이 우선 깨끗해진다. 최근의 연구로는 몸 안에서 엔돌핀 분비가 많아져 정신 안정에도 상당히 도움이 된다고 한다. 눈물을 흘리는 것이 정신과 육체를 건강하고 생기가 돌도록 도와준다는 의미인 것 같다. 공연히 부끄러워만 할 일이 아니라는 것이 내게 큰 위안이 된다.

가야금 소리

　아내는 지난 몇 년 동안 가야금 배우기에 열심이었다. 가야금 연주를 듣기 좋아하고 배우고 싶은 욕심도 있었던 차에 친하게 지내는 소설가 우애령 선생의 주선과 격려로 운 좋게 훌륭한 선생님에게 가야금을 배우게 되었다. 아내는 열심히 배웠고 많이 즐기는 것 같았다.
　처음 시작할 때에는 같은 소리를 반복하는 과정이 지겨울 터인데 아내는 연습한다고 빌려온 가야금으로 같은 음을 계속 반복하면서도 그런 내색이 전혀 없었고, 옆에서 할 수 없이 들어야 하는 나까지도 어느 틈에 가야금 소리가 정겹고 아름답게 들리기 시작했다. 처음에는 바이올린 연습 소리가 아닌 것만을 고마워했는데 나도 모르는 사이에 아직 음악이라고 부를 수도 없는 가야금 현 뜯는 날것의 소리를

좋아하게 되었다. 언젠가는 그 소리 안에 한국인의 피를 즐겁게 하는 무엇이 들어 있을 수 있겠구나 싶기도 했다. 아니면 혹 한국인의 고막이 가야금 소리와 막역하고 오래된 친척 관계가 되는 것은 아닐까.

아내는 한두 해가 지나면서 오른쪽 손가락에 굳은살이 생겼고, 민요를 배우면서 가까스로 산조까지 발전해갔다. 그즈음 아내는 미국에서 지낼 때도 계속 연습을 하고 싶어했고, 그 열성에 감동해 동대문 골목길의 전통 가야금 만드는 곳에서 적당한 값의 가야금을 하나 사게 되었다. 그러나 감색의 비닐 가방에 가야금을 들고 국제공항을 서성거린다는 것은 예상했던 것보다 꽤나 귀찮은 일이었다. 공항 검색을 잘 통과하고도 많은 사람의 주목을 받기 십상이었고 공항의 보안검색요원에게도 마치 총이 담긴 것처럼 보이는 기다란 가야금 가방을 열어보라는 요구를 여러 번 받았다.

그러나 그런 요구보다 더 곤란한 일은 가야금의 열두 줄이 툭하면 끊어지는 사고였다. 물론 미국하고도 플로리다에서 생긴 일이었다. 처음에는 가야금이 고급이 아니어서 그런가 싶었지만 알고 보니 원래가 명주로 된 가야금 줄은 아주 예민하고 약해서 연주를 일정 기간 하지 않거나 주위가 습하고 더우면 쉽게 끊어진다는 것이었다. 아내도 나도 끊어진 줄을 고칠 줄 몰라 처음 몇 번은 여덟 시간 정도 고속도로를 운전해 가야 하는 큰 도시에서 수리를 해왔지만 그곳에 가면 하루는 호텔 신세를 져야 하므로 자주 갈 수도 없었다.

나중에 가야금을 한국에 가지고 와서 사정을 이야기하니 튼튼한 나일론 줄로 대치해주겠다고 했다. 그래서 가야금은 울며 겨자 먹기

식으로 나일론 줄로 교체되었다. 나일론 줄은 명주 줄보다 소리가 더 크게 나는 것 같았으나 왼손이 만드는 소리의 떨림은 명주 줄보다 길지도 강하지도 섬세하지도 못했다.

일반적으로 농현弄絃이라고 부르는 기법은 소리를 떨거나 꺾는 것을 말한다. 농현을 만드는 왼손은 소리에 미묘한 변화를 주고 다양성과 깊이를 더하는 역할을 해 가야금을 다른 악기보다 감성적으로 한 급 위로 만든다. 멜로디나 가락은 오른손이 주도를 하지만 내가 느끼기에는 왼손의 여러 주법이야말로 가야금의 제대로 된 아름다운 소리와 함께 우리의 가슴을 쥐락펴락한다고 생각한다. 대표적인 왼손 주법은 앞에서 말한 농현과 기타 퇴성退聲, 추성推聲, 전성轉聲 등으로 나눌 수 있다. 그러나 그런 주법의 상세한 것을 이해하지 못한다 해도 가야금의 아름다움과 다정함과 간드러진 애교는 바로 그 소리의 떨림에서부터 시작한다는 것을 가야금 소리를 자주 들으면 누구나 느낄 수 있다.

그렇게 가야금을 즐기면서 우리는 우애령 선생과 바깥어른인 엄정식 철학 교수와 어울려 국악연주회를 찾아 구석구석 몰려다녔다. 좋은 국악연주회라면 어디든 어느 때든 상관없이 함께 몰려갔다. 그러던 중에 한번은 어느 대학의 국악 교수님의 초대로 국악연주회를 관람하게 되었다. 그런데 프로그램이 어딘가 내게 낯설었다. 순서에는 가야금 합주로 비발디의 〈사계〉 중 '봄', 파헬벨의 〈캐논〉 등이 적혀 있었다. 오랜 기간 국악을 체계적으로 많이 들어온 이들에게는 이상할 것이 없는 연주회였겠지만 나는 처음부터 괜히 속이 뒤틀렸고 비발디를 일사불란하게 연주하는 가야금 주자들을 쳐다보기가 민망했다.

연주회가 끝나고 술 한잔을 함께하는 자리에서 우리를 초대해준 교수님은 이제 우리 가야금으로 비발디 음악을 연주할 수 있게 되었으니 얼마나 장족의 발전이냐, 언젠가는 우리 개량 가야금으로 〈베토벤 교향악〉도 합주할 수 있을 것이라고 하기에 나는 아예 못들은 척 고개를 돌려버렸다. 우리의 전통악기로 우리의 전통음악을 특유한 색깔과 가락으로 잘 연주하면 되는 것인데 가야금이 전에는 무슨 하자라도 있었던 것처럼 말을 이어가서 나는 그저 입을 다무는 게 상책이겠다고 생각했다. 전문가 앞에서 바보 같은 목소리로 내 불만을 말했다가는 혹 정신 나간 친구로 쳐다볼 것이 걱정되었기 때문이었다.

어떤 연주회는 물론 개량 가야금이 앞장에 설 수도 있다. 개량 가야금으로는 하프를 연주하듯 한끝에서 한끝까지를 두루루루룽하고 한꺼번에 줄을 퉁기기도 하고, 때로는 빽빽하게 늘어선 스물다섯 줄을 한 줄 한 줄 골라 튕겨가며 빠르게 연주해 신나는 멜로디를 들려주어 박수를 받을 수도 있다.

하지만 내게는 이것이 문제다. 그런 소리에는 내가 아는 가야금 특유의 맛이 없고 멋이 없다. 농현이 없어 아예 가야금 소리로도 들리지가 않는다. 이런 이야기를 내가 언젠가 국악방송국에서 가졌던 대담에서 말했더니, 그래도 개량 가야금 덕분에 가야금이라는 악기가 젊은이들에게 알려지고 다른 양악기와 합주도 할 수 있게 되었다고 설명해주었다. 물론 젊은 세대에 다가가고 다른 악기와 협연을 할 수 있게 된 것 그리고 연주의 폭을 더 넓힌 것을 무턱대고 배척하자는 것은 아니다. 그러나 정악 가야금이나 산조 가야금이 차츰 개량 가야금으로 대체되어 사라져버릴 수도 있다면 그것은 크나큰 문제가 될 것이라는 우려가 든다. 왜냐하면 내가 아는 가야금 음악은 아직도 흥과 풍류를 유유히 펼치고 왼쪽 어깨와 왼쪽 손가락을 보일 듯 말 듯 떨며 지긋이 힘을 주는 농현의 멋이기 때문이다.

사람의 중심

나는 한 달 동안 이스라엘과 이집트를 여행한 적이 있다. 가고 싶었던 마음으로만 따진다면야 이십 년 전쯤에 다녀와야 했지만 긴 여유를 내기 힘들었던 내 사정과 그곳의 불안한 정세가 여행을 자꾸 미루게 했다.

아니나 다를까. 예루살렘에 도착한 지 나흘째 되는 날, 팔레스타인 쪽의 호텔에 머물고 있었던 나는 어스름한 저녁녘에 호텔 정문 근처에서 갑작스레 쏘아대는 자동소총 소리를 들었다. 우선 박격포 소리 같은 게 아니어서 안심을 하면서도 어둠 속을 날고 있는 수많은 총알 불꽃을 보면서 내가 안전한 여행지에 온 것은 아니구나, 하고 그 위험성을 실감했다. 그러면서도 이스라엘에서는 신구약성경에 많이 등장하는 지역에 갈 때마다 색다른 감동을 받을 수밖에 없었다. 그런데 이상하게도 거의 그만큼의 감동을 이집트 여행에서도 느낄 수 있었다.

많은 이들도 그렇겠지만 나 역시 여행의 초점은 그 지역 주민의 삶이거나 삶과 연계된 풍습이다. 이상한 건물이나 색다른 풍경이나 심지어 유명한 문화 유물을 보는 것보다도, 그곳 주민의 삶을 보는 것이 내게는 훨씬 흥미롭다. 그래서인지 이집트에서 보았던 피라미드나 스핑크스의 위용, 나일 강을 오르내리며 보낸 일주일간의 풍광, 이부 심벨을 위시한 어마어마한 신전과 조각품들, 왕들과 왕비의 거대한 무덤 내부, 카이로, 룩소르, 알렉산드리아의 도심 풍경, 국립박물관에서 본 미라나 금관이 몇 겹으로 치장된 투탕카멘의 광채보다, 마침 라마단 축제를 맞이한 이집트인들의 표정과 간절한 기도가 내게는 더 인상적이었고 흥미로웠다.

내가 방문했던 9월은 바로 아랍인들에게는 최고의 시기인 라마단 축제의 달이어서, 가는 곳 보는 것이 모두 라마단과 연관되어 있었다. 물론 라마단이란 말은 전에도 많이 들어왔다. 아랍인들에게는 태어나서 죽는 날까지 삶의 근본이 되는 종교생활의 가장 중심에 있는 게 라마단이다. 그것을 새벽부터 밤중까지 옆에서 보고 듣고 느낄 수 있었던 것은 적어도 내게는 무엇과도 바꿀 수 없이 귀하고 값진 경험이었다. 물론 나는 이슬람에 대한 얼마 안 되는 상식과 코란의 글을 몇 줄 읽어본 것 말고는 아는 것이 없었고 또 알려고 하지도 않았지만, 설사 이슬람에 대한 책을 몇 권 읽었다고 해도 여행하며 내가 보고 느

겼던 소름 끼치게 깊은 그들의 믿음의 생활은 잘 이해할 수 없었을 것이다. 매일 새벽 세시 삼십분경부터 시작하던 그 길고 긴 기도 소리는 자주 휘청거리는 내 믿음을 부끄럽게 했다. 오직 신을 위해서 간단하고 가난하게 살아가면서 세속적 욕망을 버리고 단 하나뿐인 생명까지 신을 위해 거침없이 바칠 수 있는 믿음이 부럽기도 했다. 그리고 그것이 단순히 무지의 소산으로 느껴지는 게 아니라 한 인간의 생에 있어 처음부터 우선순위가 다르다는 것이 이상할 정도로 감동을 주었다.

라마단 축제 기간은 단식의 한 달이라고 할 정도로 국민 모두가 하루에 열네 시간 정도 단식을 한다. 새벽 네시에 일어나 긴 기도와 함께 음식은 물론 물 한 방울 마시지 않는 시간이 아침과 낮을 지나 저녁 여섯시 정도까지 이어진다. 그리고 그 단식의 시간을 침묵기도나 통성기도로 이어가는데 기도중의 정신집중은 옆에서 보기에 소름이 끼칠 정도였다. 오죽하면 이 라마단 기간중에는 이집트 인구의 5% 이상이 되는 콥틱 가톨릭 신자까지 함께 단식을 할까. 나는 그 여행을 마치고 돌아와 라마단에 대한, 아랍인들의 신앙에 대한 시를 야심차고 길게 써보았다. 신통한 반응은 없었지만 보통 때보다 정성을 기울인 것이라서인지 아직도 애정이 간다. 여기에 몇 줄을 옮겨본다.

1
그 흔한 천국이었는지 말귀 확실치 않고
처음엔 울면서 노래하는 줄 알았지.
사막의 새벽 세시 반을 흔들어 깨우면서

칠흑의 공기가 육중한 어둠을 껴안고
병든 자기 몸속에 다 파묻기만 한다.
흐느낌으로 시작하는 믿음의 진동이
밤이슬의 집을 넘어 내 방에까지 스며든다.

야자수를 흔들며, 버린 땅을 잡고 떨며
새벽 여명이 들숨에 섞여 들어온다.
사막을 더 넓게, 더 멀리 펼쳐내는 소리,
통성기도의 박자를 맞추는 흐느낌이
온 도시를 소리의 모래로 채우는데
아무도 잠잘 수 없는 라마단의 새벽,
목마른 달빛이 가늘고 빠르게 사라진다.

2

(중략)

사탕수수는 서로 손잡고 종일 낮잠을 자고
열네 시간 이상 기도하고 단식하고
찬양하고 절하고 신음하며 회개하는
지구의 다른 쪽, 사막 냄새의 경전.
당신을 사랑한다는 말을 하려고
여기까지 온 것은 아니었지만, 양심은
매끈하고 차갑게 사는 자의 세상에서 온

나 같은 무법자까지 살려내고 있다.
(하략)

— 졸시, 「기도하는 아랍인」

사랑이 어딘가에 존재한다면

 파타고니아는 남아메리카의 남쪽, 남위 39도 정도에 있는 콜로라도 강 이남의 아르헨티나와 칠레의 남부를 통칭한다.

 거친 들판에 흐린 하늘 몇 개만 떠 있었어.
내가 사랑을 느끼지 못한다 해도
어딘가에 존재한다는 것만은 믿어보라고 했지?
그래도 굶주린 콘도르는 칼바람같이
살아 있는 양들의 눈을 빼먹고, 나는
장님이 된 양을 통째로 구워 며칠째 먹었다.

어금니 두 개뿐, 양들은 아예 윗니가 없다.
열 살이 넘으면 아랫니마저 차츰 닳아 없어지고
가시보다 드센 파타고니아 들풀을 먹을 수 없어
잇몸으로 피 흘리다 먹기를 포기하고 죽는 양들.

사랑이 어딘가에 존재할 것이라고 믿으면, 혹시
파타고니아의 하늘은 하루쯤 환한 몸을 열어줄까?
짐승 타는 냄새로 추운 벌판은 침묵보다 살벌해지고
올려다볼 별 하나 없어 아픈 상처만 덧나고 있다.
남미의 남쪽 변경에서 만난 양들은 계속 죽기만 해서
나는 아직 숨겨온 내 이야기를 시작하지 못했다.

— 졸시, 「파타고니아의 양」

    우리는 미국의 마이애미 시를 떠나 열한 시간의 비행 끝에 칠레의 수도 산티아고에 도착했다. 비행 경로를 되짚어보면서, 안데스산맥 위로 야간비행하게 된 것을 알게 된 나는 내가 젊을 때 생텍쥐페리의 소설 『야간비행』을 비행기 속에서 읽었던 기억을 되살려냈고 그 책은 새로운 감동으로 다가와 다시금 내 젊은 날의 외로움을 되비춰주는 듯했다. 칠레의 산티아고에서 처음 며칠을 지내고 항공편으로 더 남진하여 파타고니아에 속하는 칠레의 작은 항구도시 푸에르토 바라스에 도착했다. 활화산이 웅장한 모습으로 내려다보고 있는 이 항구에서

는 현지인들이 에리조스라고 부르는 싱싱한 성게를 즐겨 먹고 있었는데, 나 역시 그것을 안주 삼아 맛있는 백포도주를 밤새 마시기도 했다. 얼마나 크고 싱싱하고 값싼 성게를 매일 먹었던지!

며칠 후 아침 일찍, 일행은 이 아름다운 도시를 떠나 눈 덮인 안데스산맥의 남쪽을 넘어 아르헨티나 쪽의 바릴로체라는 도시에 도착했다. 버스와 배를 몇 번씩 갈아탔고 산 정상 근처에서는 아찔하게 조금씩 미끄러지기도 하는 타이어에 쇠줄을 단 무개차도 탔다. 그리고 한 시간 정도는 엄청난 눈더미 속을 힘겹게 걸었고, 병지 같으면 자동차로 한두 시간 정도의 거리를 무려 열두 시간이나 걸려 안데스 산을 넘었다. 그러나 이 힘든 하루가 내게는 정말 감격적인 체험이었다. 왜냐하면 정신없는 혼돈 속에서 힘들게 공부했던 오래전 의대생 시절, 유일하게 친구처럼 나를 잡아주고 용기를 준 소설가 생텍쥐페리의 『인간의 대지』의 주인공인 조종사 기요메가 조난 후 눈 속을 오래 헤매다가 극적으로 살아난 곳이 바로 안데스산맥이었기 때문이다.

세계적인 스키장, 파타고니아의 일부인 바릴로체에서 며칠을 보낸 후 우리는 지프차를 타고 더 남진하여 광활한 아르헨티나 쪽의 파타고니아에 푹 들어섰다. 버려진 것 같은 들판은 하루종일을 달려도 끝이 없었고, 계속 흐리기만 한 하늘 역시 점점 더 넓어져서 이제까지 이토록 넓고 춥고 어둡고 절망적인 하늘은 본 적 없었던 것처럼 공포스럽기까지 했다. 그 공포심을 더 옥죄이는 것은 땅 위의 짐승을 노리면서 흐린 하늘을 쉼 없이 날고 있는 독수리보다 무섭고 큰 콘도르떼였다.

우리는 허름한 목장에서 묵었는데, 끼니 때마다 콘도르에게 눈알을 빼앗겨 죽은 양고기를 장작불에 구워 먹어야 했다. 나는 그 양고기만 계속 먹어서인지 이틀도 지나지 않아 온몸이 자꾸 아파왔다. 그래서 나는 여행중 어느 작은 성당에서 읽은 글을 주문처럼 외웠다. 당신이 비록 사랑을 느끼지 못하고 산다 해도 세상 어딘가에는 반드시 사랑이 존재한다는 것을 믿으라고 하던 말. 나는 왠지 평생보다 더 긴 세월을 외로워했을 파타고니아의 그 춥고 흐린 하늘을 계속 올려다보면서 며칠을 지냈다.

지평선과 수평선

큰 배를 타고 멀리 나가면 이변이 없는 한 수평선을 볼 수가 있다. 바람이 심하지 않은 날도 해변에 서면 바다 끝으로 수평선을 볼 수 있다. 물론 멀리 혹은 가까이에 배도 섬도 없어야겠지만. 그런데 수평선도 수평선 나름이어서, 한쪽 구석에 조그맣게 열린 수평선도 수평선이라 할 수 있겠지만, 내가 상상하고 그리워하는 수평선은 단지 선명한 줄 하나가 내 시야를 독차지하는 그런 수평선이다.

지평선 역시 시야의 어느 한쪽 구석에서 짧게 보이는 것도 지평선이란 이름을 붙일 수 있겠으나 제대로된 광대한 지평선은 그리 흔치 않다. 그래서 늘 귀하고 놀랍다. 다른 사람도 마찬가지겠지만 내 경우에도 수평선보다 지평선을 자주 보지 못했다. 아주 완전히 확 트인,

그래서 내 시야의 한쪽 끝에서부터 다른 쪽까지가 완전하고 간단하게 한 줄로 보이는 그런 무지막지한 지평선을 나는 겨우 몇 번밖에 보지 못했다. 내 경험으로는 미국의 중서부나 대평원 쪽, 그리고 텍사스 주를 운전해 가다가 광대한 지평선을 본 적이 있고 터키의 내륙 동부 쪽, 아나톨리아 지방을 돌아다니며 옛날 시인 루미의 흔적을 찾아가다 흙먼지에 섞여 뿌옇게 흐릿하지만 거창한 지평선을 본 적이 있다. 고개를 이리저리 돌려도 아무것도 없는 곳. 유일하게 지평선만 입 다물고 유아독존하고 있는 곳. 그런 시야를 본 황홀한 경험은 기억에서 도저히 털어버릴 수 없는 귀한 경험이었다.

　나는 그런 간단한 구도, 모든 게 지워지고 극도로 생략된 세상을 황홀하게 좋아한다. 한 개뿐인 지상, 한 개뿐인 이름, 한 개뿐인 사랑, 한 개뿐인 사유와 한 개뿐인 색깔, 한 개뿐인 전부.

　지평선은 그리 쉽게 만날 수 있는 것이 못 되어서 아쉬운 대로 나는 비교적 쉽게 볼 수 있는 수평선을 가끔 찾은 적이 있다. 그렇게 수평선을 오래 보고 돌아온 다음에는 그 풍성한 시야와 평온한 느낌으로 한동안은 불만스러운 경우나 공평하지 못한 일을 겪어도 꾹 참고 살아갈 수가 있었다. 지평선을 만난 후에는 나는 적어도 일 년 정도는 아무 불평, 불만 없이 고분고분 세상에 순종하고 어지간한 명령에도 고개 숙이고 복종할 수 있게 마음이 한량없이 넓어진다.

　나는 잠자리에 들 때 많이 피곤하지 않아서 곧장 잠들지 못하는 때가 제법 있다. 크게 신경 쓰는 일도 없고 걱정거리도 별로 없는데 이리저리 뒤척거린다. 그럴 때면 나는 잠을 청하기 위해 언제나 예외

없이 하는 일이 있다. 그것은 누워서 눈은 감은 채로 지평선이나 수평선을 내 앞에 만드는 일이다. 남들은 통나무 울타리를 넘어가는 양을 계속 소리내어 세는 방법을 추천했지만 나는 언제나 수평선이나 지평선을 만들곤 한다.

사실 가끔은 나 자신이 좀 궁금해지기도 한다. 나와 같은 방법으로 잠을 청하는 이도 혹 있는지. 나 혼자만 이런 어이없는 풍경을 잠자리에서 만드는 것은 아니겠지. 한데 나는 가끔 내가 만든 그 멀고 먼 지평선에서 아주 작은 무언가를 보기도 한다. 깨알만큼 작은 사람이 먼 지평선에 발을 대고 서 있다. 그럴 때면 나는 그 사람을 알아보기 위해 눈을 크게 하고 열중해서 본다. 물론 눈은 감은 채 열중하는 것이지만.

대개의 경우 내가 본 지평선 위의 사람은 아주 작고 외로워 볼품없고 피곤해 보인다. 그리고 무엇보다 어디선가 몇 번은 확실히 본 사람인 것 같다. 그런 사람을 망연히 눈여겨보다가 나는 또 가슴이 메어오기도 한다. 어느 때는 아주 작은 자동차 같은 것을 보기도 한다. 그 자동차는 어디로 가는지 작은 먼지를 풀풀거린다. 그러나 그 차의 작은 움직임이 이 넓은 세상일에는 아무 소용이 없고 무의미하다는 것을 느끼면서, 바로 그 쓸모없음이 내 시야를 흐리게 하곤 했다.

나는 「지평선, 내 종점」이라는 시 한 편을 썼다. 물론 상상할 수 있다시피 내가 지상에서의 마지막 날에 지평선에 서 있기를 바라는 것이다. 그렇게 확 터지고 차별이 없고 모든 것을 함께 껴안는 넓은 외연의 거침없고 푸근한 시간을 그리워하는 이야기다. 그 시에는 이런 구절이 있다.

나도 안락한 삶을 살고 싶었다.
비 오는 날에는 하늘이 녹아
지평선의 살결을 지워버린다.
가지 않는 시간이 소문에 젖는다.

구겨진 살벌한 여정은
어차피 시야보다 멀리 지나가버리고
내 종점을 찾지 못할까 두려워한다.

그러나 사실 나는 내 지평선이라는 것에 설 수는 없다는 것을 너무 잘 안다. 지평선은 과연 얼마나 멀리에 있는 것일까. 그 막막한 거리는 상상할 수도 없어 내게는 그리움이 되어버린다. 누가 옆에서 수평선이나 지평선은 지구가 둥글어서 그런 것이라고 친절히 설명해주지 않아도 된다. 나는 사막 한복판에 있다는 신기루처럼 찬란한 오아시스를 찾아 헤매다가 그 환영에 젖은 채 시원한 물을 실컷 마시고 말 것이다. 그런 자세로 어느 날 나는 내 지평선에 서서 고함을 치며 목이 쉬도록 당신을 부를 것이다.

마요르카 섬의 작은 손

어쩌다 보니 그간 스페인 여행을 세 번이나 했다. 미국에서 대서양을 건너가기에 다른 유럽 국가보다 가까운 편이기는 하지만 그런 것만이 이유는 아니었다. 공식적인 모임 때문도 아니었다. 첫번째 스페인 여행은 어머니 때문이었다. 내가 외국에서 살게 된 탓에 고국에서 자식들과 제자들에게 둘러싸여 재미있게 살지 못하시고, 함께 타국으로 외롭게 건너오신 것이 안쓰럽기도 해서 어머니의 칠순 선물로 유럽 여행을 제안해서였다.

어머니께 유럽의 나라 하나를 선택하시라고 하자, 오랜 시간 끌지 않고 스페인이라고 답하셨다. 스페인의 플라멩코 춤을 보고 싶다는 게 구체적인 이유였다. 그래서 우리는 플라멩코 춤의 고장인 스페인의 남부 안달루시아 지방을 중심으로 여행 계획을 짰다. 수도 마드리드에서부터 톨레도를 거쳐 세르반테스의 소설 『돈키호테』의 마을인 라만차 지방을 거쳐 세비야, 코르도바, 그라나다 등 남부의 작은 도시들을 지나며 많은 플라멩코 춤을 관람했다.

두번째 여행은 친구 부부와 짝을 지어 갔는데 마드리드와 톨레도를 거쳐 서쪽으로 일정을 잡았다. 대학 도시로 유명한 살라망카에서 메리다를 거쳐 지브롤터까지 내려갔다가 남부 포르투갈로 들어서서 리스본과 파티마라는 가톨릭 성지를 지나 북쪽의 포르토 쪽으로 여행했다.

그리고 이번 세번째 여행으로는 스페인의 동북쪽, 지중해 연안인 발렌시아와 바르셀로나에 갔다. 그리고 거기서 배를 타고 몇 시간 걸리는 지중해의 섬 마요르카에 갔다. 바르셀로나에서 지낸 며칠 동안에는 가우디의 여러 건축물을 찾아다니면서 그가 살던 집과 유명한 공원이 된 곳, 그가 수십 년 공들인 어마어마한 사그라다 가족대성당도 안팎으로 자세히 보았다. 하루는 시간을 내어 '검은 마돈나상'으로 유명한 산꼭대기의 몬세라트에 버스를 두어 시간 타고 가서 가우디가 영감을 받았다는 병풍 같은 바위산도 보고 그 유명한 성모상을 보려고 두 시간 정도 줄을 서서 기다리기도 했다. 다음날에는 유명한 피카소 미술관에 갔다가 그 근처에서 색다른 옛 도시의 오밀조밀한 풍경을 보며 괜찮은 식사를 즐기기도 했다.

이렇게 바르셀로나 주위에서 일주일 정도를 즐기고 우리는 큰 유람선을 타고 몇 시간 지중해를 항해해서 그림 같은 마요르카 섬에 도착했다. 오래전부터 꼭 한번 와보고 싶었던 마요르카 섬. 애국가의 작곡자 안익태 선생이 마요르카 섬의 교향악단 지휘자로 살다가 이곳에서 외롭게 돌아가셨지. 뿐만 아니라 프랑스 소설가 조르주 상드Georges Sand와 작곡가이자 피아노의 시인이라는 프레드릭 쇼팽Frédéric Chopin이 한동안 요양하며 살았다는 전설의 섬. 그리고 스페인 내전 중에는 쫓기던 공화파가 마지막 죽음의 항전을 했던 섬. 맛있는 요리 재료인 마요네즈가 여기서부터 시작했고, 일 년에 3백 일 이상 따뜻한 햇살 덕분에 휴양지로도 유명한 곳. 그 비슷한 이유로 수많은 여행객 중 한국인도 제법 많다던데 정작 그곳에선 한국식당은 하나도 찾아볼 수 없었고 중국식당 몇 개와 엉터리 일본식당 두어 개만 보였다.

그런 중에 하루는 처음부터 꼭 가고 싶었던 쇼팽과 상드가 함께 살았다는 전설적인 마을인 발데모사를 찾았다. 관광객들이 붐비고 있는 작은 마을의 길거리 여기저기에는 예쁜 상점이 많이 늘어서 있었다. 나는 어느 책방에 들러 조르주 상드가 쓴 책 『마요르카의 어느 겨울』을 샀다. 결핵으로 고생이 심했던 작곡가 쇼팽의 요양을 위해 1838년의 겨울을 함께 살았던 마요르카의 생활을 쓴 소설가 상드의 산문이다. 이 책은 처음부터 이 섬마을에서 많은 고생을 한 이야기가 주를 이룬다. 이때 벌써 병색이 짙은 쇼팽이 심한 기침을 달고 살았기 때문에 마을 사람들은 이들을 경원시했고, 그로 인해 거처할 집을 빌리는 것부터 애를 먹었다. 설상가상으로 그해 겨울은 예년과 다르게 유난히 춥고 날은 궂어서 자주 폭우가 내렸다. 이 지방의 의사는 실력이 좋지 않아 믿고 의지하기 힘들었으며 작곡을 위한 좋은 피아노도

구할 수 없었다고 이 책은 전하고 있다.

그 당시 스물아홉이었던 쇼팽은 부드럽고 친절하고 부끄러움까지 타는 온순한 성격이었는데, 어느 순간 특별한 이유도 없이 신경질을 내고 크게 소리를 지르며 광폭하게 행동하는 불안정한 정신 상태를 보였다고 한다. 그 때문에 상드는 때때로 어머니처럼 그를 보호했다고 그 당시 그들과 가깝게 지냈던 독일 시인 하이네Heinrich Heine가 증언하고 있다. 상드는 특별한 미녀는 아니었지만 매력적이었다고 알려져 있으며 젊은 날 큰 부자와 결혼해 두 아이를 둔 과부였다. 많은 사람들, 특히 예술가들에게는 그녀의 자유분방한 성격과 사랑 지상주의의 생활이 선망의 대상이었다고 한다. 그 당시 문단에서 여성은 대접을 받지 못했기 때문에 일부러 남자 이름인 조르주 상드라고 이름을 바꾸고 자주 남장까지 했지만 상드는 이미 소설가로 유럽 문단에서 상당한 명성을 얻고 있었다. 또한 당시 많은 여성들의 인기를 얻었던 쇼팽에게 십여 년 동안 초지일관 지극 정성으로 헌신했다고 알려진 여성이 바로 조르주 상드였다.

상드의 책에 의하면 그의 두 아이도 함께 그 겨울을 마요르카 섬에서 지냈는데 그 이유가 큰아들이 류머티스성 관절염이어서 햇살 좋은 기후를 찾기 위함이었다고 한다. 그 당시 열네 살이었던 아들의 뛰어난 그림 실력은 같은 책에 실려 있는 스케치 몇 장만 봐도 금방 알 수 있다.

쇼팽은 그를 죽음으로 몰아갔던 심한 기침과 각혈이 중증의 폐결핵 때문이었다는 것을 그때는 알지 못해서 유전적 해수병이라는 엉터리 진단으로 기침 치료를 받고 있었다. (독일의 세균학자 코흐가 결핵균을 발견한 것은 쇼팽이 결핵으로 죽은 지 삼십 년도 더 지난 후였다.)

우리는 쇼팽과 상드가 아담하고 조용한 집을 구하지 못하고 어쩔 수 없이 살았던 덩그런 수도원 안의 집을 구경하고, 그 당시 쇼팽의 단골 약국이었던 곳도 구경했다. 그리고 쇼팽이 이 섬에서 작곡한 피아노곡들을 하루에 한 번씩 연주한다는 근처의 연주장으로 발길을 옮겼다. 그의 청동상이 있는 연주장에서는 무명의 연주자가 겨우 이십 분 동안 네 곡의 짧은 피아노곡을 연주하는 것이 전부였지만, 그가 이 섬에서 작곡한 작품이어서인지, 그가 살았던 장소에서의 연주이어서인지, 아니면 연주자의 솜씨가 뛰어나서인지 처음부터 끝까지 감동스러웠다.

연주회가 끝나고 다시 수도원 쪽으로 와서 서너 개의 방에 빼곡하게 전시된 쇼팽의 유물과 열 개나 됨직한 유명한 그의 초상화들과 그가 펜으로 직접 쓴 악보도 여러 장 보았다. 하지만 그 전시장에서 나를 화들짝 놀라게 한 것은 그가 죽었을 때 만든 데스마스크Death Mask와 석고로 뜬 그의 손이었다. 데스마스크로 본 쇼팽의 얼굴은 내가 상상하고 있었던 것보다 훨씬 작았고, 그의 손 역시 어처구니없이 작았다. 피아노를 치는 서양인 음악가의 손이라기보다 거의 어린아이의 조막손에 가까웠다. 실색할 정도였다. 그러나 그런 내 혼돈의 원인을 곰곰이 생각해보니 그동안 내가 본 그에 대한 영화 때문이었다는 것을 알 수 있었다.

처음으로 내가 쇼팽에 대한 영화를 본 것은 중학교 2학년, 그러니

까 1952년쯤, 배고픈 피난지에서 보았던 〈이별의 노래〉라는 유럽 흑백 영화였다. 그리고 그후 두어 번 더 그의 일생을 그린 영화를 보았다. 그가 만 스무 살에 조국 폴란드를 떠나 비엔나와 파리에서 음악 활동을 하던 때, 자신의 조국이 외적의 침략으로 위기에 처해 있다는 소식을 전해듣고 비엔나에서 연주했다던 〈연습곡 12번〉, 일명 〈혁명〉이나 〈스케르초 1번〉 등을 분노와 절망의 심정으로 연주하던, 그 강인한 열 손가락에 대한 기억. 영화는 그의 비통한 심정을 영상으로 강하게 나타내겠다는 듯 클로즈업된 그의 손과 연주하는 힘잔 손가락을 계속 보여주었다. 그 어린 날, 스산한 피난지에서 가난과 배고픔으로 살아가던 사춘기의 나는, 쇼팽의 그 비통한 심정에 백배 동감하면서 영화에서 보여주는 그의 열정적인 피아노 연주에 완전히 압도당했었다. 그때 내게 강하게 각인되었던 인상에 비해 실제로는 너무나 대조적으로 작고 여린 얼굴, 그리고 조막만한 손을 단번에 서로 연결하기가 힘들었다. 나중에 안내자에게 물어보니 쇼팽은 보통 사람들보다 훨씬 작은 체구와 왜소할 정도의 마른 몸매를 가졌다고 한다. 그리고 그의 머리나 얼굴도 그의 손과 발처럼 아주 작았다고 한다.

쇼팽이 그해 겨울, 마요르카 섬의 예상하지 못한 추위와 궂은 날씨와 계속되는 폭우로 일정을 앞당겨 삼 개월 만에 섬을 떠났을 때는 건강이 악화되어 목숨이 경각에 놓일 정도로 위중했었다고 한다. 그러나 그가 기침과 각혈과 열병에 시달리고 계속되는 악천후에 지쳐서 만들어낸 곡들엔 그런 절망과 고통의 흔적이 어디에도 없었다. 단지 천재 예술가의 위대한 정신적 불꽃만 펄펄 살아서 더없이 아름다운 천상의 부드러움으로 가득찬 곡들을 만들어냈다. 그가 그곳에서 작곡했다는 전주곡 전부, 특히나 '빗방울'이란 별명이 붙은 〈전주곡 15번〉을 들으면 믿을 수 없을 정도의 평온함과 균형과 조화의 아름다움을 느낄 수가 있다.

마요르카 섬에서 시련의 시간을 보냈던 쇼팽은 그후 오 년 이상을 상드의 간호와 후원을 받으며 작곡과 연주와 병치레를 했고 상드와 헤어져서는 쇠잔한 몸으로 사 년여를 더 살다가 그의 나이 서른아홉에 영면했다.

만 하루를 그 작은 마을에서 보내고 깊은 감동에 젖어 배가 있는 팔마 시로 돌아오면서 나는 굽이굽이 돌아가는 산길 양쪽으로 펼쳐진 수많은 아몬드 나무를 보고 혼자 쇼팽의 피아노곡을 휘파람 불었다. 날씨는 참 맑고 따뜻했다. 그러나 그러면서도 문득 드는 심술궂은 한 가지 생각. 아무리 그래도 그렇지, 나이 마흔도 미처 못 살고도 그렇게 아름다운 음악을 수없이 만들어내다니! 젠장, 나같이 늙은 사람은 부끄러워서 무슨 낯으로 살라고! 당신이 어찌 내게 그럴 수가 있단 말인가.

그해의 함박눈

그날은 아마 1966년 1월 3일이었을 것이다. 나는 군인이 정치에 관여했다는 수상한 죄목으로 영창 구류생활을 했고 그후 지방에 있는 공군병원으로 전직되어 군의관생활의 마지막 몇 달을 보내고 있었다. 구류생활의 후유증 때문인지 가끔 우울증 증세를 보이며 밤잠을 자주 설치던 때, 군의관 친구가 하숙하고 있던 집에 나도 엉거주춤 쪽방을 하나 빌려 살고 있었다.

그즈음 연초 휴가를 받아 서울로 간 군의관 친구 때문에 나는 혼자 며칠째 더 울적한 시간을 보내고 있었다. 내 사랑은 왜 이렇게 힘들고 혼란스럽기만 한가. 내 미래는 왜 이렇게 어둡고 무섭게만 느껴지는가. 이제 몇 달 후면 제대할 것이고 부모님께 더이상 기대어 살 처지가 못 되어 미국 병원에서 보내준다는 비행기 표로 미국에 가 수련의로 지내겠다고 했지만 정든 내 고국과 친구들을 정말 떠나야만 하는 것일까. 한 번도 가보지 못한 서양 땅에서 내 짧은 영어 실력과 의학 지식으로 잘 견뎌낼 수나 있을까.

'며칠씩 밤잠도 못 자고 일해야 하니까 우선 몸을 튼튼히 만들어라, 영어 회화를 잘하도록 해라, 정맥 주사, 척추 주사, 심전도에 숙달해야 한다, 인정 없는 이 땅에 잘못 온 것인지 나도 외로워서 살기가 힘들다……' 먼저 미국에 간 선배는 구구절절 간곡한 충고를 해주었지만 그런 말이 언제부터인가 공포로 내 몸을 옥조이기만 했다.

그러다 문득 고개를 드니 하루종일 구름이 덮여 있던 하늘에서 한 개 두 개 눈발이 날리기 시작했다. 나는 나를 짓누르고 있는 것을 다 털어내듯 하숙집을 나서서 어둑해진 거리를 걷기 시작했다. 한참을 걷다가 나는 수원극장을 발견했고, 무슨 영화를 상영하는지 알아보지도 않고 표를 사서 극장 안으로 들어섰다. 관객이 적어서인지 극장 안은 춥고 엄청 크게 느껴졌다.

영화는 〈피노키오〉라는 천연색 만화였다. 내 기분과는 달리 영화는 처음부터 화려하고 재미있었다. 나도 모르게 영화에 완전히 빠져들었다. 영화의 끝 장면에서는 연미복을 입고 한 손에 우산까지 든 작은 귀뚜라미가 고음으로 노래를 불렀다.

네 마음이 진심으로 열망하는 것이라면
무엇이든 다 이루어질 수가 있다.

별을 보며 네 소원을 말해보아라.
네 운명이 네 꿈을 이루어줄 것이다.

　영화가 끝나고 나는 그 끝 장면의 노랫가락을 흥얼거리며 극장 밖으로 나왔다. 밖은 완전히 깜깜했지만 하늘을 올려다보니 별은 보이지 않았고 갑자기 별보다 더 아름다운 함박눈이 온 세상에 내리고 있었다.
　아, 이 함박눈! 나는 외투깃을 다시 여미며 하숙집을 향해 천천히 걷기 시작했다. 가로등에 비춰 보이는 눈은 인적이 드문 한밤이어서인지 포근한 축복처럼 내 어깨를 감싸주었다. 나는 따뜻해지는 주위를 살피며 생각했다. '내 미래가 내 운명이라면 내가 받는 축복이라고 생각하자. 미국의 명상 수필가 소로Henry David Thoreau는 말했지. 언제나 자신을 가지고 살아라. 그러면 네가 꿈꾸어 온 삶을 살 수 있다.'
　하숙집에 돌아와 외투를 완전히 뒤덮은 눈을 털어내고 방에 들어서니 내 하숙방이 전보다 더 아늑하고 밝게 느껴졌다. 창문을 열었다. 함박눈은 그때까지 소리 없이 펄펄 내리고 있었다. 눈송이들은 서로 껴안고 춤을 추었다. 나는 창문을 열고 캄캄한 눈발의 배경을 응시하면서 오랜만에 결심하듯 고개를 몇 번씩 크게 끄덕였다. 나도 모르게 눈물이 두 뺨으로 흘러내렸다.

　헤아려보니 내 기억에 아직도 생생히 살아 있는 그날 밤의 눈 내리는 풍경은 무려 반 백 년 전의 일이었다. 지난 세월, 시간만 나면 자주 고국에 갔고 최근 몇 해는 몇 달씩 고국에서 생활하기도 했지만 그게 모두 봄이나 여름이나 가을이었구나. 다음에는 꼭 겨울을 고국에서 지내야겠다. 그리고 오래 그리웠던 계시의 그 함박눈을 다시 한번 만나야겠다. 혹시 그 긴 세월 동안 고국의 눈도 나만큼 많이 늙어버린 것은 아니겠지. 아름다웠던 육각형의 눈꽃이 설마 삼각형이나 사각형으로 변해버린 것은 아니겠지. 너무 오래되어 이제 나는 너를 모른다고 내 어깨를 피해 멀리 날아가버리는 것은 아니겠지.

눈꽃 편지

　미국에서의 내 행색은 수상하게도 그 긴 세월을 끈질기게 고국만 바라보고 그리워하는 기행적인 삶이었다.
　처음에는 돈도 시간도 없어 오 년에 한 번 귀국했다. 그러다가 1970년말부터는 이 년에 한 번씩, 1990년대에 들어서는 여유가 좀 생겨서 일 년에 한 번씩 삼 주 일정으로 고국을 찾았다. 귀국이라고 해도 머무를 만한 가까운 친척이나 집이 있는 것은 아니었다. 호텔에 투숙하며 성묘하고, 젊을 적에 함께 글쓰던 친구들을 만나 술 한잔 나누는 정도가 대부분이었다. 하지만 고국 방문을 좀더 자유롭게 오래 하고 싶어서 2002년 이른 은퇴를 하고 그후부터는 철 좋은 봄가을에 두 달씩 고국에서의 생활을 즐겼다.

앞서 말했듯 겨울철에는 사십 년 넘게 단 한 번도 귀국하지 않아 고국의 눈꽃 모양이 그 긴 세월 동안 변하지 않았을까 하는 생각을 짧은 수필로 써서 어느 잡지에 기고했다.

그런데 그 글 때문에 아주 신기한 경험을 하게 되었다. 글이 발표되고 두어 달쯤 지났을까. 고국의 한 독자에게서 편지를 받았다. 아주 곱게 쓴 편지 한 장이 들어 있었는데, 잡지에서 내 수필을 읽었다, 깊은 겨울로 접어드는 시기, 서울의 눈꽃은 삼각형도 사각형도 아니고 여전히 아름다운 육각형 모양이다, 여기에 수십 년 넘게 모양을 바꾸지 않은 아름다운 눈꽃을 받아 보내니 잘 보기 바란다는 내용이었다.

편지를 다 읽고 봉투 안을 다시 들여다보니 아주 얇은 흰 종이가 한 장 더 있었는데, 거기에는 아무것도 쓰여 있지 않았다. 얇은 종이를 꺼내 유심히 보니 흰 종이가 군데군데 조금씩 구겨져 있었다. 작은 물방울이 마른 자국 같았다.

아, 이 종이에 눈을 받아서 내게 보내준 것이구나. 그래서 약간 구겨진 빈 종이였구나. 나는 기발한 착안에 기분 좋게 놀라 그분에게 당장 아름다운 눈꽃을 보내주어 고맙다는 인사를 담아 답장을 써 보냈다.

그후 몇 달이 지나도 답신이 없어 조금은 섭섭했지만 문득 그분은 답신을 보내는 대신 이런 말을 내게 하고 있겠구나 하는 생각이 들었다. '그래, 고국의 눈 잘 봤지? 상상할 수 있듯이 고국의 눈꽃은 아직도 무척이나 예쁘다. 그걸 알면 되었지 뭐, 내가 답신을 꼭 쓸 필요는

없지? 언제 한번 겨울철, 고국에 와서 네가 직접 보고 즐기기 바란다…….'

세상살이에서 그분처럼 눈에 보이는 것과 안 보이는 것의 차이를 가끔 건너뛰어버리는 여유로움을 가진 사람이 많았으면 좋겠다. 그런 사람이야말로 늘 여유를 가지고 살기에 창의적이고 아름다운 발상을 자주 할 수 있을 것이다. 사는 게 늘 바빠서 안 보이는 것은커녕 있는 것도 바로 보지 못하는 사람이 얼마나 많은가. 여유로운 삶을 살 수 없을 만큼 바쁜 사람일수록 결국 자기가 원지 않는 황폐한 삶을 살게 된다. 바쁘기 때문에 공중도덕에 둔감해지고, 모든 것을 자기 위주로 우선시하기에 이웃이나 사회의 공동선에 대한 개념이 무너져버린다. 그런 사회는 결국 피폐해질 것이다.

평균적으로 우리는 하루에 5만 가지 이상의 생각을 한다고 한다. 그중 95% 이상은 단순한 걱정거리고, 또 그런 걱정거리 중 90% 이상은 현재 일어나지 않았거나 앞으로 일어날지도 모르는 가상의 것에 대한 걱정이라고 한다. '걱정도 팔자'라는 말이 이래서 생겼나보다.

만약 우리가 그런 쓸데없는 걱정을 하지 않는다면 얼마나 많은 시간이 남을까. 그러면 가족이나 이웃과 함께 웃으며 사랑을 나누고 눈을 받은 종이로 친구에게 편지도 쓸 수 있겠지. 『팡세』를 쓴 파스칼은 '여유를 가지는 것이 바로 행복하게 사는 것'이라는 간절한 글을 남기기도 했다. 이제부터 '쓸데없는 걱정거리 청산 캠페인'이라도 벌여서 남아도는 정신적 여유를 즐길 수 있기를 바란다.

이토록 행복한 사람

어느 해 12월, 이 주간의 짧은 고국 방문은 내게는 참으로 값지고 아름다운 시간들이었다. 손명세, 정과리, 서홍관, 이병훈 교수 등 몇몇 뛰어난 의사와 문인이 마음을 모아 지난 몇 해 동안 뜸들여온 '문학의학학회'를 드디어 창립했다. 그 기념으로 의사협회의 대강당에서 많은 의사와 문인들의 지대한 관심 속에서 학술대회도 잘 치렀다.

의대생에게 문학과 예술, 인문학에 관심을 가지게 하여 통계와 분석만을 이용해 의료 시술을 하는 과학자로서의 의사에서 벗어나, 환자라는 인간을 대하는 전인격적 의사로 태어나게 하려는 의도는 유럽과 미국 등 선진국에서는 1980년대부터 이미 왕성하게 활동을 이어왔다. 그들에 비해 우리가 약간 늦게 출발하게 된 이유를 나는 잘 모르겠지만 그날 창립식에 참석한 감회는 참으로 컸다. 치밀하고 명석한 두뇌를 가진 의사들이 자연의 조화나 순리, 아름다움의 환희나 감성의 자유로움을 배우지 못하고 환자의 고통과 함께 살아야 하는 극도의 긴장으로 정서적 불안, 의료 사고에 대한 죄책감으로 스스로 목숨을 끊거나 술이나 마약에 빠져 가정 파탄을 일으키는 모습이 하루종일 내 눈에 맴돌았다.

앞으로 이 학회가 의사와 환자에게 얼마나 도움을 주고 최근에 회자되는 문학과 의학의 통섭에 얼마나 기여힐지 궁금하기는 하지만, 많은 미래학자들이 주장하는 좌뇌파적 과학과 통계 편중의 의학 같은 학문이 문학이나 예술 같은 우뇌파적 개념과 어울려야 하는 것만은 틀림없을 것 같다.

이런 뿌듯한 내 심경을 한층 더 고양시켜준 것은 때마침 내린 함박눈이었다. 무슨 팔자로 나는 평생 타국의 의사로 살았을까. 고국을 떠난 이후 사십사 년 만에 무슨 기적같이 감격적으로 고국의 눈을 다시 보게 되었던 것이다. 그날의 눈이 아마도 그해 첫눈이었을 것이다. 오후가 되면서 내리다 말다 하던 눈이 저녁녘이 되면서 두어 시간 넘게 폭설로 변하는 황홀한 광경을 나는 넋 놓고 즐길 수 있었다.

내가 고국에서 마지막으로 본 눈은 물경 사십 년도 더 전, 지방에서 제대 말년 군의관으로 복무하던 우울하고 답답한 날에 내렸다. 그 겨울은 또 얼마나 춥고 눈이 많이 왔던지. 그 구질구질하던 회상이 싫어서 나는 나도 모르게 겨울에는 고국을 방문하지 않았던 것일까.

그 기구한 세월을 관통하여 함박눈이 내리고 있었다. 어두운 하늘에서 하염없이 내리는 눈은 길 한복판에 멍하게 서 있는 나를 따뜻이 감싸안아주었다. 고국이란 단어가 새삼 내 가슴에 물밀듯 몰려왔다. 어지럽게 비틀거리며 살아왔지만 너도 이 나라 백성이었구나. 축복을 받아라. 내 머리와 어깨는 차곡차곡 고국의 흰 눈을 뒤집어썼다. 아, 차가운 느낌까지 황홀한 축제로 느끼게 해주는 아름다운 고국의 눈. 그 순간의 함박눈은 나를 이 풍진 세상에서 제일 행복한 사람으로 만들어주었다.

3부. 하늘을 향해 다시 날아오르는 외로운 새처럼

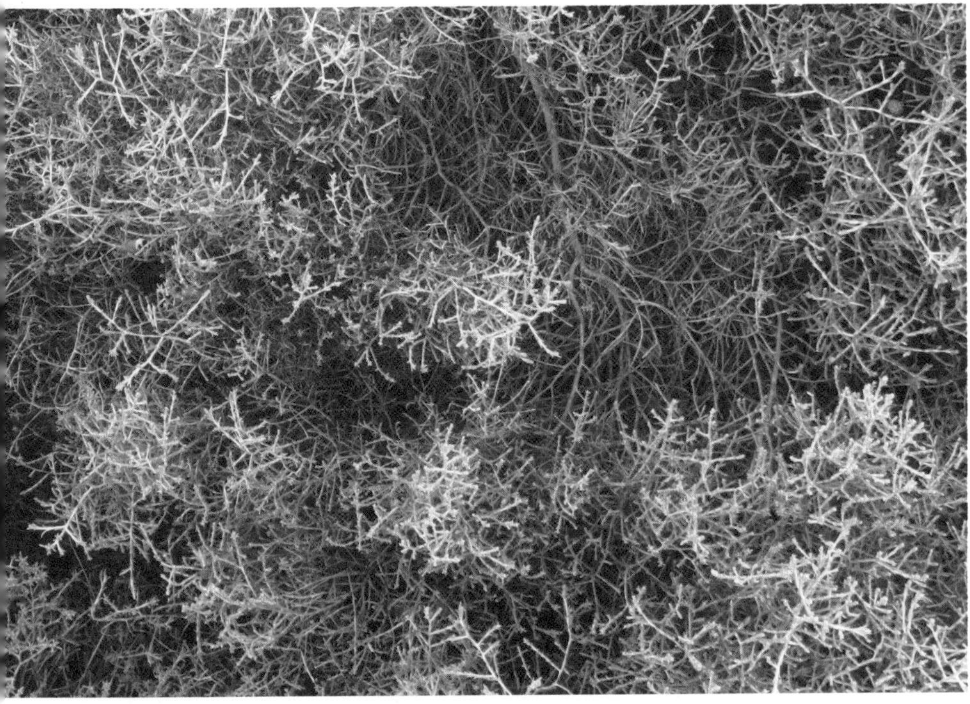

박꽃과 달빛

내 아버지는 만 61세가 되던 1966년 가을, 갑자기 뇌일혈로 돌아가셨다. 나는 그 갑작스런 사고가 일어나기 사 개월 전 미국의 수련의로 고용되어 그곳 병원에서 보내준 비행기 표로 고국을 떠나 오하이오 주의 병원에서 인턴 노릇을 하고 있었다.

아버지의 갑작스런 부고를 들었지만 계약을 파기할 수도 없었고, 귀국할 비행기 표 값도 없었고, 돈을 빌릴 친구도 없었고, 며칠간의 휴가조차 불가능했다.

그래서 나는 맏아들임에도 불구하고 아버지의 임종을 지키지 못한 것은 물론, 장례식에도 참석하지 못했다. 미국에 산다는 이유로 그 후에도 산소를 자주 찾지 못했다. 한심하게도 사십여 년이나 타국에서 의사 노릇을 하느라 아버지의 뒷일도 도와드리지 못했다.

돌이켜보면 나는 아버지께 많은 사랑과 특별한 도움을 받았다. 그중에 제일 먼저 생각나는 것은 어릴 때부터 시간과 기회만 있으면 문학, 음악, 미술, 연극, 무용 등 예술 전반에 대한 취미를 고루 갖추라고 독려해주신 것이다.

정신없이 바쁘게 공부를 해야 했던 중고등학생 시절과 대학의 예과와 본과 시절까지도 아버지는 기회만 있으면 읽을 만한 책을 알려주셨고, 좋은 음악회나 미술전시회의 일정도 챙겨주셨다. 의사가 되든 다른 직업을 갖든 예술을 사랑할 줄 아는 자세와 그것을 올바로 감상할 줄 아는 지식과 상식은 생활의 질을 윤택하게 해주고 안정된 정서에 도움이 된다고 말씀해주셨다.

중학교 2학년이었던 대구 피난 시절, 찢어지게 가난해서 방 한 칸에 다섯 식구가 함께 살던 어느 날, 아버지는 원고료를 많이 받았다며 내게 한 턱을 내겠다고 하셨다. 그런데 어떤 맛있는 음식을 사주실까 하던 내 기대와는 다르게 아버지는 나를 데리고 어른들만 이용하는 '르네상스'라는 다방으로 들어가셨다.

나중에 그곳이 고전음악만 틀어주는 음악 감상실이라는 것을 알게 되었다. 나는 그때 아버지가 사주신 따끈한 우유를 조금씩 마셔가며 들었던 슈베르트의 〈미완성 교향곡〉과 쇼팽의 피아노 곡 선율을 아직도 황홀하게 기억하고 있다. 그 당시에 나는 학생 단체 관람으로 슈베르트와 쇼팽의 일대기를 그린 오래된 흑백영화를 보고 그 영화에 나왔던 음악들을 흥얼거렸는데 아마도 아버지가 들으시고 그런 놀랄 일을 베풀어주셨던 것 같다.

　그후 환도를 하고 예과를 거쳐 매일을 시험지옥 속에서 헤매던 대학생 시절의 어느 초가을날 밤이었다. 그날도 나는 시험 준비를 하느라 늦게까지 공부를 하다가 화장실에 가려고 방문을 열고 마당으로 내려왔다.

　마당에서 겨우 대여섯 발자국밖에 떨어지지 않은 아버지 방의 문은 열려 있었고, 아버지는 망연히 건넛집 지붕에 넓게 피어 있는 박꽃을 보고 계셨다. 그 밤이 바로 보름이었는지 달빛이 푸른 아우라로 수많이 핀 흰 박꽃 주위를 감돌고 있었다. 교교한 달밤의 흰 박꽃을 보면서 아버지는 낡은 라디오에서 흘러나오는 음악을 듣고 계셨다.

　나는 나도 모르게 박꽃의 아름다움에 취해 아버지 방의 툇마루로 다가갔다. 그리고 그때 아버지가 황급히 옷소매로 눈물을 훔쳐내는 것을 보았다. 나는 그 눈물이 하나도 어색해 보이지 않아 말없이 아버지 쪽으로 더 다가가 툇마루에 앉았다. 눈물을 닦은 아버지는 덤덤히 내게 몇 마디 해주셨다. 그러나 그런 말씀보다 그냥 아버지 옆에 앉아 함께 음악을 듣는 것이 좋았다. 환한 달밤에 청초하게 피어 있는 박꽃 주위로 음악이 조용히 퍼져가는 것을 보며 오랫동안 그렇게 꿈꾸듯이 앉아 있었다. 정말로 그렇게 아름다운 박꽃을 나는 본 적이 없었다.

　그날 밤의 광경을 나는 오래도록 잊지 못하고 있다가 최근에 아버지를 그리며 한 편의 시를 써보기도 했다. 아버지는 그날 박꽃을 보며 왜 눈물을 흘리셨을까? 그때 나는 아마도 당신의 옛 애인이 생각나서 그랬으리라고 한동안 생각했었다. 그러나 아무 이유 없이도 눈

물이 왈칵 쏟아질 수 있다는 것을 알게 된 후부터 나는 그날 밤 아버지가 그 음악과 흰 박꽃과 달빛과 초가을의 푸른색 침묵 때문에 우셨으리라고 믿고 있다.

아버지가 갑자기 세상을 떠나시고 난 뒤, 나는 기막히게 바빴던 병원생활 중 틈만 나면 한동안은 화장실에서도 울었고 병원 옥상에서도 울었다. 그리고 아버지가 사 개월 동안 미국으로 보내주신 편지 일곱 통도 자주 꺼내 읽었다.

아버지가 내게 보낸 마지막 우편물은 돌아가시기 보름 전쯤 쓰신 것인데 맨 마지막 줄은 이렇게 끝이 난다.

인생이 뜬구름이라지만 남의 나라에서 호강, 호사한 생활은 더한 뜬구름이다. 수입이 없어 의식이 불편하더라도 내 나라에 사는 것만도 애국하는 태도라고 생각하며 살고 있다.

아버지는 청소년 시절부터 유교적 구습의 피해자였다. 그런 고루한 풍습에 맞서야 한다며 아버지는 일찍부터 어린이 운동에 앞장섰고 열여덟이라는 어린 나이에 한국 최초의 창작동화 「바위나리와 아기별」, 「어머님의 선물」 등을 발표하셨다.

아버지는 삼십대 후반에 일본에서 귀국한 이후로 한 번도 변변한 직장을 구하지 않으시고 그 어린 날 품었던 결심을 지키며 돌아가시는 날까지 아름답고 뜻깊은 동화를 썼다. 어린이를 사랑하는 마음이 나라를 사랑하는 마음이라 믿고 비록 가난하지만 고결하고 훌륭한 인생을 살다 가신 나의 아버지. 오랜 세월이 흐른 오늘날까지도 나는 그런 아버지가 눈물나게 그립다.

어디선가 들리는 목소리

몇 달 전 나는 남반구에 위치하고 있으며 세계적으로 아름다운 자연을 자랑하는 곳, 그래서 이민을 생각하는 사람들에게 선호도가 상당히 높은 뉴질랜드를 여행했다. 과연 말 그대로 인구가 적은 이 나라 곳곳에 한국인이 없는 곳이 없었다. 이민자 대부분은 소규모 사업에 종사하고 있었지만 현지 가이드의 말에 따르면 오래전 정착한 이민자 중에는 훌륭한 과학자나 교육자 그리고 고위직 공무원도 있는데 그중 몇몇은 나라 안팎에 널리 알려져서 많은 사람들에게 존경을 받는다고 했다.

남 섬과 북 섬이라는 쌍둥이 섬으로 이루어진 이 나라는 인구도 더 많고 기후도 좋은 북 섬이 형 노릇을 하지만 여행객에게는 흔히

볼 수 없는 신기한 풍경과 훼손되지 않은 아름다운 자연이 있는 남섬이 단연 인기다. 겨우 천 년 전에 남태평양의 마오리족이 처음으로 이주해와 인간이 살기 시작했다는 섬. 이 마오리족들은 이제 온 나라에 부락을 이뤄 자기들 방식대로 살지만 이 땅의 주인 격으로 대접도 받고 국가로부터 보호를 받는다고 한다.

두 섬을 비행기까지 타고 여행하며 신기하게 본 것들 중 특히 산나물로만 알아온 고사리가 둥치 큰 통나무로 자라 나라 곳곳에 퍼져 있는 것이 가장 인상적이었다. 이 고사리나무는 비가 많이 오는 뉴질랜드의 광대한 숲에 제일 많다. 앞을 촘촘히 가로막는 밀림에 들어서면 고사리나무가 아닌 것을 찾아보기 힘들 정도였다.

그래서이겠지만 뉴질랜드에서만 볼 수 있다는 고사리나무는 이 나라의 국수國樹이고, 사람들은 이 나무를 특히 지붕용 목재로 많이 쓴다고 했다. 그리고 특히 고사리나무에 얽힌 오래된 전설이 내게 애잔하게 다가왔다. 마오리족의 전설은 대강 이런 것이었다.

고사리나무가 이 나라에만 지천으로 자라는 이유는 하느님의 눈물인 장대비와 자식이 그리워 한밤중에 몰래 우는 아버지의 눈물인 이슬이 풍족하기 때문이다. 고사리나무는 이 두 가지의 물을 밤낮으로 쉼 없이 마시며 쑥쑥 자라는 것이다. 하느님은 가끔 너무 바빠서 장대비를 뿌리지 않는 날이 있지만 아버지는 단 하루도 예외 없이 밤마다 고사리나무를 찾아와 이슬 눈물을 흘린다. 자식이 그리워서 울고, 반가워서 울고, 기뻐서 울고, 자식들을 안전하게 보호해주고 싶어서 운다. 그 눈물을 먹고 번성한 고사리나무에는 특수한 독성이 있어 나

무 주변에는 독충도 해충도 없고 뱀 한 마리조차 살 수가 없다. 그래서 자식을 끔찍이 사랑하는 정 많은 아버지 때문에 뉴질랜드 땅에는 아직 단 한 마리의 독충도 단 한 마리의 뱀도 살지 않는다. 극진한 아버지는 살아서나 죽어서나 절대로 자식의 안전과 행복을 잊지 않는다.

그 전설을 재미있게 들은 다음날, 나는 아침 산책에 나서서 근처 숲으로 향했다. 그리고 널려 있는 고사리나무 앞으로 가서 둥치를 유심히 보았다. 힘겹게 사는 탓인지 나무의 특징인지 나뭇결은 울퉁불퉁했지만 간밤에 내린 아버지의 눈물인 이슬의 흔적이 뚜렷하게 느껴졌다. 혹시나 하고 나보다 키가 두 배쯤 큰 나무의 우듬지 잎을 올려다본 순간, 내가 나무를 친 탓인지 기다렸다는 듯 후드득 하며 잎사귀에 머물던 이슬이 한꺼번에 내 얼굴과 어깨로 떨어졌다. 그리고 방향도 없이 어디선가 돌아가신 내 아버지의 목소리가 들려왔다. "그래, 잘 지내고 있지? 서로 보지는 못하지만 널 자주 생각하며 지낸단다. 나도 너를 늘 보호할 것이다. 행복하게 잘 지내라."

'그렇구나, 돌아가신 아버지는 여기까지 오셔서 나를 지켜봐주셨구나. 생전에도 그러시더니 돌아가신 뒤에도 눈물이 아직 많으신 모양이네. 그때는 초가을 한밤에 박꽃이 아름답다며 눈물을 보이셨는데……. 모든 아버지는 죽어서나 살아서나 자식들을 생각하며 지내시는구나. 나는 돌아가신 분들에게까지 사랑받는 존재였구나. 나도 그렇게 자식을, 또 이웃을 아끼고 사랑해야겠다.'

흐뭇한 마음으로 숲을 빠져나와 일행이 머물고 있는 호텔로 천천히 발길을 돌렸다. 내 가슴이 아침 햇살처럼 천천히 따뜻해져왔다.

분명한 자격

얼마 전에는 일주일 내내 아버지의 유물을 찾느라고 집 안 구석구석을 뒤집어엎으며 소란을 피운 적이 있다. 아버지가 생전에 출간하신 동화집과 수필집들은 물론이고 통영반, 찻잔, 쓰다 만 원고, 신문 스크랩에서부터 온갖 증명서와 신분증들, 거기다 다른 분들이 쓴 많은 회고문과 작품 관련 논문들까지 아버지와 연관된 것을 모두 찾아 모았다.

일제강점기에는 나라를 잃은 어린이를 위한다는 일념으로 소파 방정환 선생과 함께 어린이 운동 단체인 '색동회'를 조직하고 「바위나리와 아기별」, 「떡배단배」, 「토끼와 원숭이」 같은 한국 최초의 창작동화를 여러 편 발표했고, 해방 후에는 「편편상」, 「아름다운 새벽」 같은 수필도 쓰셨다. 그런 아버지가 세상을 하직하신 지도 어언 오십 년이 다 되어간다.

그렇게 아버지가 돌아가신 지 몇 해 후, 일간지 기자였던 남동생과 어머니마저 모두 미국에 나와 살게 되었다. 갑작스런 전 가족의 도미 渡美로 아버지의 많은 유물이 유실되고 분실되었다. 당시 어머니는 그때까지 조금 남아 있던 아버지 유품을 내게 전해주셨지만 그마저도 거의 반세기가 되는 내 떠돌이 외국생활 중에 안타깝게 잃어버렸다.

그렇게 세월을 보내다 내 딴에는 싱딩 기간 심사숙고한 후 서울의 아동문학가 조대현 선생과 상의하여 아버지의 유물을 '국립어린이청소년도서관'에 기증하기로 합의했다. 말이 심사숙고이지 심사숙고라는 것의 내용이 간단하기는 했다. 일흔이 넘은 내 나이에 언제 무슨 일이 일어날지 모르는 것인데 그전에 몇 개 안 되는 아버지의 작품과 유물을 어떻게든 고국으로 보내야 한다는 결심이었다. 그 결심은 물론 내 아이들이 할아버지의 유물을 보관할 자격이 없다는 것을 전제했다. 미국에서 난 세 아들은 의사, 변호사, 사업가로 좋은 교육을 받고 남부럽지 않게 살고 있지만 한국어 실력이 부족해 아직 할아버지의 동화 한 편도 제대로 읽지 못했고, 잘 이해하지도 못했다. 또 미국에 살고 있기 때문에 비록 친할아버지라고 해도 유물을 대물려 간직할 자격이 없다고 내가 판단했기 때문이다.

그런 유물을 하나씩 먼지를 털어가며 차곡차곡 정리하는 것은 물론, 특별전시관 같은 공간을 만들어준다는 도서관 측의 제의를 고마워하면서 혼자 눈물을 흘렸다. 그 이유는 오래전 돌아가신 아버지에 대한 그리움과 자책이 앞섰기 때문이지만, 한편으로 자격을 갖춘다는 것이 세상살이에 얼마나 중요한가를 새삼 가슴 아프게 깨달았기 때문이었다. 한 나라의 대통령은 과연 자격을 고루 갖춘 분인가, 그 장관은 임명될 자격이 있는가, 그 국회의원은 나라를 위해 좋은 법을 제정해 번성시킬 만한 자격이 있는가, 그 시장과 그 군수는 정말 자기 지역의 주민을 위해 성심을 다하는 확실한 분인가.

그전에 나는 어떤가. 나는 과연 실력을 갖추고 정성을 다하는 의사로 환자를 돌볼 자격이 있는가. 나는 가족의 평안을 위해 최선을 다하는 자격 있는 남편이자 아버지인가. 나는 동네에서 남에게 폐가 되지 않고 좋은 일을 선도할 수 있는 자격 있는 주민인가, 시민인가, 국민인가. 아니 그 무엇보다 나는 과연 가족에게서, 아끼는 지인에게서 사랑받을 자격을 갖춘 인간인가. 나는 과연 당신을 사랑할 자격이 있는가.

고등학교 교장 선생님이 조회 시간에 자주 하던 말씀 중 아직도 기억나는 것은 사람에게는 크게 세 종류가 있다는 것이다. 하나는 그 자리에 꼭 있어야 할 사람, 다른 하나는 그 자리에 있으나 마나 한 사람, 그리고 마지막 하나는 그 자리에 있어서는 안 될 사람이라고 했다. 이것도 결국은 사람의 자격을 말하는 게 아닐까.

좀더 나은 의사가 되어보겠다고 나선 타국행이 반세기를 넘어갔다. 평생 조국이 아닌 다른 나라의 의사로 살았지만 그래도 그 긴 세월 내게 한 가지 목표가 있었다면 그것은 언제나 어디서나 한국인으로서 부끄러운 일을 해서는 안 된다는 것이었다. 그것만은 꼭 지켜야

그나마 언젠가 살아서든 죽어서든 그리운 조국에 돌아갈 때 떳떳할 수 있으리라는 다짐이 있었던 것이다. 바로 그 한국인의 자격이 내 자부심의 갑옷이 되어 긴 세월 동안 나를 지켜주었고 언제부턴가 목숨같이 꼭 지켜야 할 계명이 되어버린 것이다.

혈연으로는 틀림없는 손자들이지만 내 아버지의 유물을 물려받을 자격이 없는 내 아이들을 보면서, 눈에 보이지 않는 자격이 곧 세상의 질서라는 것을 새삼 생각하게 됐다.

귀하고 위대한 이름

어머니는 경상남도의 진영이란 곳에서 태어나 마산여고를 졸업했다. 여고생 시절, 최승희의 무용 공연을 보고 큰 감동을 받은 어머니는 졸업 후 시집갈 준비를 하라는 집안 어른의 말씀을 거스르고 일본으로 도망갔다. 그러나 부모님의 경제적 도움이 필요해서 정규대학인 일본여자외국어대학에 적을 두고 불어 공부를 하면서도 대부분의 시간은 최승희가 소개해준 다카다 무용연구소에서 열을 쏟았다. 사년 후 어머니는 두 곳을 함께 졸업한 뒤 다카다 무용연구소의 강사가 되었고 일본 전국에서 순회공연을 하고 뮤지컬 영화 두 편에도 출연하며 각광받기 시작했다. 조선의 현대무용가로 이름을 날리고 있던 1937년, 일본에서 몇 개의 인기 잡지를 경영하면서 조선 예술가들을 도와왔던 아버지를 만나 결혼하여 슬하에 아들 둘 딸 하나를 두게 되었다.

1944년 4월, 제2차세계대전 중에 어머니와 우리 세 남매는 귀국했고 어려운 생활이 시작되었다. 한국전쟁 중에는 어머니와 인연이 있는 마산에서 고된 피난살이를 했다. 서울로 돌아온 후에 어머니는 이화여자대학의 권유로 한국 최초의 무용 교수가 되었다. 몇 년 후 역시 한국 최초로 이화여자대학에 무용과를 창설하고 초대 과장이 되어 한국 무용계의 위상을 높이는 데 공헌하셨다.

어머니께선 이십여 년의 교수생활 중에 많은 제자를 길러냈지만 우리 집안은 점점 쓸쓸해지고 조용해지기 시작했다. 여동생이 대학 재학중에 시집을 갔고 1966년에 내가 의사 수련을 받는다고 미국으로 떠났다. 또 같은 해에 아버지가 갑자기 돌아가셨다.

이 년 후쯤 신문기자였던 남동생마저 결혼을 하고 분가하자 어머니는 여의도의 작은 아파트에 혼자 살게 되었다. 그런 어머니는 1977년인가에 교수생활에서 은퇴하시고 얼마 되지 않은 퇴직금 전액을 당신이 세운 무용과에 장학금으로 전했다. 그리고 아주 간편한 행장으로 자식들이 살고 있는 미국에 오셨다.

어머니는 처음 몇 해 동안은 미국의 작은 도시에서 우리와 같이 살다가 너무 답답하다며 로스앤젤레스로 혈혈단신 적을 옮겼고, 한참 후에야 여동생이 사는 시카고로 이사를 하셨다. 낙천적이고 희망적인 어머니는 항상 나를 반겨주셨지만, 나는 어머니를 모시고 있는 여동생과 또 어머니께 늘 '죄인'이 되어 송구스러운 몸으로 지냈다.

아흔이 된 어머니는 마음만은 젊고 큰 병도 없었지만 기억력과 기력이 많이 쇠잔해지셨다. 아버지가 돌아가신 후 혼자 지내신 것이 사십 년 세월, 남동생이 사고로 죽은 지도 십 년이 넘었다. 멍들어 아픈 가슴을 누가 무엇으로 위안해드릴 수 있으랴.

어머니를 생각할 때면 나는 엉뚱하게도 거의 언제나, 아주 옛날에 보았던 한 광경이 떠오른다.

피난지 마산. 아버지는 대구에 계셨고 나는 초등학교 6학년이었다. 어머니는 우리 세 남매와 함께 마산에서 갖은 고생을 많이 하셨다. 아직도 눈에 선한, 시장 개천가를 따라 있던 양지바른 곳. 거기에서 어머니는 다른 피난민들과 함께 나란히 쭈그리고 앉아, 가지고 있던 당신의 옷가지나 장신구를 펼쳐놓고 장사를 하셨다. 나는 그런 초라한 장사꾼 어머니를 만나는 것이 창피해서 학교가 끝나면 개천 다른 편에 숨어 서서 어머니를 훔쳐보기만 하고 가까이 가지 않았다.

점심은 돈도 쌀도 없어 매일 굶었지만 저녁엔 가끔 어머니가 당신은 밖에서 식사를 했노라며 들고 오신 시래깃국 같은 것을 먹게 해주셨다. 멸치를 간장에 찍어 먹는 것만이 유일한 반찬이었던 우리에게 그런 시래깃국은 진수성찬이었다. 그러나 나는 얼마 가지 않아서 어머니가 잡수셨다고 고집하던 저녁식사의 비밀을 알게 되었다.

바로 그 개천가를 옆으로 돌면 다섯 개쯤 비슷한 먹거리 장터가 있었다. 큰 솥 하나를 걸고 널빤지에 앉아 먹게 되어 있는 이곳에서는, 미군 부대에서 먹다 남은 음식 찌꺼기를 큰 솥에 모아 넣고 부글 부글 끓인 후 한 그릇씩 퍼서 팔았다. 우리는 그것을 '꿀꿀이죽'이라고 불렀다.

때로는 그 꿀꿀이죽에서 미군들이 먹다 남긴 고깃덩이가 나와 횡재하기도 했지만 어느 때는 담배꽁초가 몇 개씩 씹히기도 했다. 나도 몇 번 먹고 설사병이 났던 꿀꿀이죽. 나는 숨어서 어머니가 저녁녘에 바로 그것을 드시는 것을 보고 말았다. '아, 그래서 어머니는 자주 배가 아프다고 하셨구나. 그래서 자주 저녁을 먹었다고 하셨구나.' 나는 길거리에 선 채 갑자기 가슴이 메고 눈물이 나서 도망치듯 그곳을 떠났다.

그 이후로 괴상한 냄새가 나던 꿀꿀이죽이 어머니의 얼굴과 겹쳐서 보였던 적이 수백 번은 되었을 것이다. 그렇다. 그 광경이 떠오를 때면 나는 부정할 수가 없다. 이 세상의 모든 어머니는 귀하고 위대하다. 그리고 그 모든 어머니의 자식들은 불효자다.

뿌리의 방향

남산 가는 길목에 있는 힐튼 호텔에서 대한안과학회의 연차 학술 대회가 열리던 어느 가을날이었다. 이 모임에서 우리 집 큰아이 성일이가 두 해 연속으로 학회에 초빙되어 강연을 했다.

성일이는 미국 피츠버그 의과대학의 안과 교수로, 특히 각막이식 수술과 라식 수술 후유증의 최신 치료 부분에서 세계적으로 뛰어나다고 한다. 한 해의 절반 이상을 미국 각지는 물론 세계 각국으로 돌아다니며 강연을 하는데, 어느 가을에는 일본 안과학회에 초빙되어 강연을 할 기회가 있어 그 길로 며느리와 아이들까지 온 가족이 함께 고국을 방문한 것이다.

성일이는 내가 미국에서 수련의 과정으로 가난하고 정신없이 바빴던 시기에 태어나 어린 날에는 자신도 미처 깨닫지 못한 고생을 많이 했다. 그런 그가 미국의 초등학교와 중학교를 수석으로 졸업하더니 고등학교 역시 수석으로 마쳐 졸업생들을 대표하여 연설까지 했다. 1등상 시상식 때엔 어떻게 알고 익혔는지 학교 밴드가 〈아리랑〉까지 연주해주어 얼마나 마음이 흐뭇했는지 모른다. 성일이는 수능 점수도 좋아 미국의 어느 대학에도 입학할 수 있었지만 워낙 스키를 좋아했던 터라 아이비리그 중 제일 작고 보수적인 대학을 스키장이 있다는 이유만으로 택했다.

그렇게 과학을 전공했던 아이가 대학 첫해에는 성적이 상위권이었으나 2학년 때는 중위권, 3학년이 되어서는 하위권으로 떨어졌다. 그러던 3학년 중반쯤이었을까, 성일이는 성적을 걱정하는 우리 앞에서 폭탄선언을 했다. 한동안 나의 뿌리인 한국에 가서 살고 싶다, 정체성을 찾고 싶다, 한 학기만 그곳에서 살게 해달라.

내가 미국에서 대학생활을 해보지 않아서인지 학기 도중에 갑자기 학교 공부를 작파하고 육 개월이나 한국에 가서 살겠다는 아들을 이해할 수 없었다. 그렇지만 미상불 자기 뿌리를 찾고 싶고 알고 싶어 고국에 가겠다는 아들이 한편 기특하기도 해서, 육 개월 기한으로 고국행을 허락했다. 성일이는 고국에서 우리말과 역사, 지리를 배우면서 그간 무엇엔가 억눌려 있던 기개를 다시 찾은 듯했다. 편지와 전화를 통해 한국에서의 생활을 충분히 즐기고 있다는 것을 알 수 있었다.

약속했던 육 개월이 지났으나 성일이는 나의 도움 없이 스스로 돈을 벌어 한국에서 지낼 수 있으니 육 개월을 더 있겠다고 했고, 결국

은 일 년 육 개월이나 고국에서 살다가 돌아왔다. 그동안은 어느 회사에서 사원들에게 영어를 가르치며 하숙생활을 했다고 한다.

돌아온 성일이가 이번에는 애원조로 또 한번 충격 발언을 했다. 한국에 사는 동안 한국 여자를 사귀었다, 부모님도 일찍 돌아가시고 교육도 기대보다 적게 받았다, 그러나 서로 사랑한다, 내가 앞으로 남은 학기의 전 과목에 A학점을 받고 의과대학 입학 국가시험을 치뤄 의대 입학이 결정되면 여자친구를 미국에 초대해달라, 그리고 나중에 결혼도 허락해달라…….

그후 우리가 알아본 그 여자친구의 신상 정보는 말 그대로 실망이었다. 열 살쯤에 교통사고로 갑자기 부모님을 모두 잃었고, 딸 다섯 아들 하나 중 넷째 딸인 여자친구는 어느 상업여자고등학교를 졸업한 뒤 큰언니의 도움으로 지방의 전문대학을 간신히 졸업한 것이 학력의 전부였다. 마침 여자친구가 어머니와 잘 아는 분의 직장에 다니고 있어 듣게 된 이야기가 그나마 유일하게 아주 희망적이었다. 그분 말에 의하면, 부모가 일찍 돌아가시고 금전적으로는 생활에 큰 여유가 없으나 형제자매가 서로 도우며 의좋게 살고 있고 매사에 성실하며 무엇보다 착하고 밝은 성격이라 어떤 일이든 잘 해낸다는 것이었다.

약속한 대로 한 과목의 예외도 없이 모두 A학점을 받은 아들은 결국 의과대학에 입학했고 사 년 후 수석으로 졸업했다. 이제는 큰며느리가 된 아들의 여자친구도 미국에 와서 정규대학을 졸업했다. 영어 한 줄 모르던 며느리가 미국에서 대학을 졸업하느라 자주 밤을 새워가며 겪은 고생은 지금 생각해도 내가 눈물이 날 정도로 열심이었다.

이제 두 아들과 딸아이의 부모가 된 성일이 부부는 좋은 집에서 주위의 존경을 받으며, 또한 한국인임을 자랑스럽게 여기며, 사이좋게 잘 지내고 있다. 그들의 행복한 생활을 보고 있노라면, 세상의 조건과 편견을 잠시 옆으로 제쳐놓고 두 청춘의 애절한 희망사항을 듣고 도와준 내가 문득 자랑스럽게 느껴지기도 한다.

착한 테니스

친구들은 언제부터인가 내게 아들만 셋이고 딸이 하나도 없으니 더 늦어서 효도받기는 틀렸다고 놀려댔다. 그러나 미국생활에서 일년에 두세 번 자식들을 볼 수 있으면 운이 좋다고 할 처지니 딸이든 아들이든 뭐가 대수겠는가 치부하며 살고 있다. 그런 중에도 둘째 아들은 전화를 자주 걸어 늘 곰살스럽게 우리를 걱정해준다.

둘째 재일이는 어릴 때부터 인기가 좋았다. 조용하고 겸손하고 어른들에게 예의바르고 남을 잘 보살피는 착한 성정으로 특히나 주위에 살던 친구들에게 사윗감으로 자주 지목이 될 정도였다. 한데 이 인기는 초등학교 때의 농담 반 진담 반 정도가 아니라 대학생이 되어서도 사라지지 않아서 심각한 상황에 이른 적도 있었다. 우리는 세

아들 모두 가톨릭 수녀님들이 운영하는 초등학교와 중학교에 보냈고 고등학교는 가톨릭 예수회 신부님들이 운영하는 학교에 보냈다. 물론 우리가 가톨릭 신자이기도 했지만 그 학교의 대학 진학률이 좋았던 것도 큰 이유 중 하나였다.

둘째는 공부도 잘했지만 고등학교에 들어갈 때까지 언제나 반에서 제일 키가 컸다. 그래서 반 대항이나 학년 대항 농구 경기에서 키가 작은 백인 친구들을 거느리며 센터에서 활약했다. 그 실력이 월등해서 관객의 큰 박수를 독차지할 정도였다.

그러다가 중학교를 졸업할 즈음 우리는 아이의 담임인 수녀 선생님과 아이의 장래에 대한 상담을 하게 되었는데 그 자리에서 나는 깜짝 놀랄 이야기를 들었다. 재일이는 알다시피 성적도 뛰어나지만 무엇보다 사려 깊고 침착하고 다른 사람들을 잘 배려하는 성품을 가지고 있다. 우리 교사들은 얼마 전 교직원 모임에서 재일이를 신학교에 진학하도록 권장해보자고 결정했다. 물론 재일이의 확실한 대답은 받지 못했지만 부정적이지도 않았고 신중하게 생각해보겠다고 약속했다 말하지 않는가?

둘째아이가 신부님이 된다고? 우리 집에서 신부님이 나온다고? 처음에는 도저히 있을 수 없는 일이라고 생각했다. 그러다가 무작정 부정적으로 생각하지 않으려는 쪽으로 나아지더니, 아들이 셋이나 되는데 한 명쯤 신부님이 된다면 얼마나 좋으랴, 집안의 영광이지, 하고 생각할 정도가 되었다. 둘째가 원하는 대로 무엇이든 받아들이자. 그러나 할말은 해주어야지. 그래서 하루 날을 잡아 신부가 되는 과정도 어렵겠지만 그보다는 신부로 평생을 사는 일은 생각 이상의 희생과 인내가 필요하다는 것을 차근히 설명해주었다. 이야기를 함께하기 시작하면서 우리는 우리가 짐작했던 것만큼 둘째의 결심이 굳지 않은 것을 알았다. 그런 발견은 우리를 안심시키면서도 한편으로는 공연히 섭섭한 마음이 들기도 했다.

그후 둘째는 좋아하는 동네 신부님을 자주 만나고 함께 피정도 다녀오고 과외 시간에는 성당에서 성경 공부도 열심이었다. 거의 일 년이 시나서 둘째는 신부 되기를 완전히 포기했다고 선언했다. 물론 우리는 그 이유를 다그쳐 묻지 않았다.

이렇게 중학생 때 신부님 해프닝을 벌였던 둘째는 대학에 가서는 고려말의 지눌선사를 좋아했다. 한국 불교에 심취하여 한국과 한국어에 관심이 많아지더니 법학 대학원에 진학하여, 소수 민족들의 인권을 위해 일하는 인권 변호사가 되겠다고 했다. 그러나 인권 변호사라는 것이 인권보다는 행정이나 다른 일에 더 치중해야 한다는 것을 알게 된 후 지금은 중소도시에 있는 회사의 고용 변호인으로 취직했고, 미술을 공부한 음전한 한국 처녀를 만나 결혼하여 행복하게 잘살고 있다.

둘째에 대한 내 추억은 이런 것 말고도 많다. 변호사 시험을 준비하는 기간에 넉넉하지 않은 돈으로 할머니를 모시고 나흘 동안 라스베이거스와 그랜드캐니언 등지를 돌아다닌 기특한 일, 같은 반 여학생의 심각한 연애 공세를 받아 골머리를 썩힌 일도 있지만 그런 이야기 중 한 개만 뽑아보라면 어쩔 수 없이 토해내야 하는 것이 바로 테니스 결승전 이야기다.

둘째가 중학교 2학년 때였다. 학년 대항 테니스 경기가 있었는데 예선은 물론 16강과 8강, 준결승을 거쳐 대망의 결승까지 진출했다. 운동경기를 좋아했던 나 역시 출중한 실력으로 결승까지 오른 둘째가 기특해서 일찍부터 테니스장에 나가 아이의 조수 노릇을 열심히 해주고 있었다.

드디어 테니스 경기가 시작되었다. 둘째의 실력이 상대방보다 한 수 위인 것은 금방 알 수 있었다. 그렇게 첫 세트를 쉽게 이기고 두번째 세트가 되었다. 건너편 상대방의 응원단 수는 언뜻 보아도 상당했다. 대부분의 응원단은 부모와 형제 정도인 데 비해 상대의 응원단은 조부모와 친구들까지 대식구가 총출동했다.

한데 후반까지 압도적으로 둘째가 이끌던 게임에 갑자기 이상한 조짐이 보이기 시작했다. 둘째의 게임이 흐트러지고 밀리기 시작하는 게 아닌가. 아무리 생각해도 이건 아이의 실력이 아니었다. 아이는 일부러 엉터리 테니스를 치고 있었다. 결국 두번째 세트를 지고 결승 포인트까지 실점하면서 챔피언 트로피를 눈앞에서 놓치고 말았다. 너무나 어처구니가 없었다.

침울하게 집으로 돌아오는 차 안에서 나는 결국 아이에게 화를 냈다. 왜 일부러 져주었느냐, 네가 이기기를 기대하며 시간 내어 응원한 아비는 뭐냐, 그런 짓은 착한 게 아니라 바보스러운 짓이고 용기 없는 짓이라고 했더니, 아이는 고개를 숙인 채 싱글거리며 말했다. 게

임이 다 끝나가는 판에 형편없이 지고 있는 상대 선수가 눈물을 철철 흘리며 경기를 하고 있는 것을 갑자기 보게 되었다, 그 광경을 보니까 그 친구가 너무 가여워 게임을 이기는 게 갑자기 미안하고 잔인하고 나쁜 일처럼 느껴졌다, 나는 지금이 기분이 훨씬 좋다, 마음이 편안하다, 경기중에는 상대를 보기가 민망해 마음이 괴로웠다며 아빠, 미안해요, 하는 게 아닌가.

나는 아이의 말에 기가 막혔지만, 아이의 따뜻하고 연약한 마음이 안쓰럽기도 해서 화를 덮고 입을 다물어버렸다. 그러나 내 가슴 한복판에서는 나도 모르게 깊은 탄식이 터져나왔다. 이걸 어쩐단 말이냐, 앞으로 온갖 세파를 헤치며 살아야 할 사내가, 그래야 튼실한 동양인으로 어깨를 펴고 살 수 있는 이 판국에, 이렇게 어처구니 없는 양보를 하다니! 나에게는 상당히 충격적이었던 이 사건 이후로 나는 기회가 생길 때마다 아이에게 그것은 결코 착한 마음이 아니고 좋은 일이 아니니 앞으로는 절대로 그러지 말라고 다짐하듯 이야기해주었다. 그럴 때면 아이는 짐짓 내 이야기를 잘 들었지만 천성이 변하는 것 같지는 않았다. 나도 그 이상은 아이에게 강요할 입장이 아닌 것을 천천히 알게 되었다.

한데 며칠 전 둘째의 큰아들, 그러니까 내 손자인 상민이에게서 장거리 전화가 왔다. 좀처럼 드문 일이라 웬일이냐고 물었더니 손자는 큰 소리로 대답했다. "할아버지, 내가 올해 우리 반 테니스 챔피언이 되었어요. 아빠가 쭉 지켜보았는데 게임이 끝나자마자 할아버지에게 당장 전화드리라고 해서 이렇게 전화드리는 거예요."

아, 그랬구나. 아들은 어릴 적 자신에 대한 나의 걱정을 아직도 잊지 않았구나. 나는 흡족한 마음으로 손자에게 대답해주었다. "그래, 아주 장하구나. 축하한다. 너는 꼭 네 아빠 어릴 때와 똑같구나. 참, 네 아빠한테 한마디 전해라. 어릴 때의 그 테니스 결승전을 아직 기억하고 있어 내가 무척 반가웠다고……."

한겨울의 폭포

막내 원일이는 세 아들 중 가장 활동적이고 놀기 좋아하고 명랑했다. 성적도 우수했지만 친구 사귀기를 좋아해서 어릴 때부터 많은 친구들에게 둘러싸여 살았다. 중고등학생 때는 반 대표나 학생회장을 독차지했으며 틈만 나면 친구 때문에 집밖으로 휘돌아다녔다. 당연 우리 집에서 제일 잘 알려진 아이였다. 아이를 데리고 동네를 걷다보면 모르는 사람들이 나에게 당신이 원일이 아버지냐며 악수를 청해오고 원일이의 친절과 유머를 크게 칭찬하며 나를 기분 좋게 해주었다. 그래서 우리는 이 막내가 자라서 어떤 사람이 되고 어떤 직장을 가질까 하는 걱정을 한 번도 해본 적이 없었고 도대체 누구를 닮아 이렇게 붙임성이 좋은 걸까 하는 궁금증만 가끔 튀어나왔다.

아이들이 다니던 초등학교에서는 일 년에 한 번씩 학교의 재정도 도울 겸 물건을 사고파는 연습을 해야 한다며 이십 불짜리 한 통에 이삼십 개씩 들어 있는 오렌지를 학생당 열 통씩 책임지고 팔아오도록 했다. 그것을 다 팔지 못할 경우 나머지는 부모가 책임지고 사야 해서 아무리 값이 싸고 맛이 뛰어나다고 해도 난데없이 오렌지 홍수를 만나지 않기 위해서는 아이들을 부추길 수밖에 없었다. 오렌지 열 통을 팔아서 이백 불을 받아 가면 학교에서는 십 불 정도를 수고비로 학생들에게 줬다. 그때면 제일 신이 나는 아이가 우리 막내였다.

물건을 산 집의 주소와 산 사람의 사인까지 받아와야 하는 이 귀찮은 일을 하는 데 막내는 하루도 채 걸리지 않았다. 다음날부터는 그런 것을 귀찮아하고 멋쩍어하는 형들의 몫까지 팔아서 학교에서 주는 수수료 십 불은 물론 형들에게서 심부름값도 받아냈다. 거기다가 우리에게서는 오렌지 홍수를 막아준 수고비까지 받아내어 막내는 언제나 세 아들 중에서 제일 주머니 사정이 좋았다.

또, 막내가 고등학교 2학년 때였을 것이다. 긴 여름방학 동안 다른 도시에 있는 유명한 고등학교에서는 전국의 고등학생 수백 명을 모아 그 학교의 커리큘럼을 따르며 합숙도 하고 친구도 사귀는 사교육 과정이 있었다. 우리는 막내가 긴 방학을 놀면서 허비하는 것보다 돈을 조금 들이더라도 공부도 하고 협동생활도 해보는 게 좋을 것이라 판단했다.

막내는 그곳에서 신나게 잘 지낸다는 연락을 가끔 해주었다. 휴식 시간에는 다른 주에 사는 한 여학생과 테니스장에서 데이트한다는 것도 나중에 알게 되었다. 그렇게 두 달간의 캠프가 끝나고 집에 돌아온 막내는 전과는 달리 가끔 어디론가 장거리 전화를 걸었다. (물론 그때는 지금처럼 이메일이나 스마트폰이 상용화되기 전이었다.)

여름학교에서 친구를 사귄 모양이군. 얼마쯤 연락하다가 제풀에 꺾이겠지. 워낙 친구가 많고 언제나 바쁜 막내가 여학생 때문에 전화통만 붙잡고 지내지는 않으리라고 생각했다. 게다가 여학생 친구가 사는 곳이 비행기를 타고 거의 두 시간을 가야 하는 곳이라는 것을 알고는 별로 관심을 두지도 않았다.

그렇게 가을 학기가 지나고 겨울이 왔다. 어느 날 막내가 심각하게 할말이 있다며 우리와 마주앉았다. 그 할말이라는 것은 지난 여름학교에서 사귄 여학생을 한번 만나달라는 황당한 이야기였다. 몰래 전화로 연락하기보다 부모의 허락 아래 공개적으로 사귀고 싶다고 했다. 우리는 그 먼 데 사는 여학생을 공개적으로 어떻게 사귀려는지도 의심되었고 고등학생 때부터 여자를 만나 공부에 소홀할까봐 걱정이 된다고 말해주었다. 정 만나고 싶다면 대학에 간 후 사귀라고 타일러주었다.

그러나 막내는 막무가내로 이야기를 이어갔다. 아버지가 한번 만나보고 괜찮은 여학생인지 판단해달라, 아버지가 허락한다면 앞으로 당당하게 전화하며 사귈 것이고 아니라면 그만두겠다, 고등학생 때 여자를 사귀지 말라고 한 적은 없지 않느냐, 물론 허락을 해줘도 대학에 가서 만나겠다, 아버지는 늘 한국 여자이기만 하면 여자친구로는 누구라도 좋다고 하지 않았느냐, 여학생의 부모님도 아버지와 비숫한 대학을 나온 모양이더라며 우리를 끈질기게 설득했다. 고등학생 아들을 둔 부모가 알지도 못하는 여고생의 부모를 만나 자식들의 연애를 허락하기 위해 인사를 나눈다는 게 생각만 해도 쑥스럽기 그지없었다. 그렇지만 우리가 찬성을 해야 그쪽도 나타나겠다고 하니 공연히 아이들 마음이나 찢어놓으면 어쩌나 하는 걱정에 우리는 난처한 마음을 다잡고 요상한 만남을 실행하기로 결정했다.

아이들이 정한 만남의 장소는 두 집의 중간 지점인 나이아가라폭포였다. 추운 한겨울, 젖비린내 나는 마내의 여자친구와 낯모를 그의 식구들을 만나러 우리 다섯 식구가 총출동했다. 일곱 시간 이상을 운전해 가야 하는 나이아가라폭포는 멀기만 했다. 아무리 유명한 관광지라고 해도 한겨울의 나이아가라폭포 근처는 을씨년스럽기 그지없었다. 오가는 사람도 없었다. 코트 깃을 단단히 여미고 내려다본 나이아가라폭포는 엄청난 두께의 얼음 아래로 폭포수 떨어지는 소리만 굉장했다. 그러나 정작 물은 어디로 떨어지는지 보이지도 않았다.

다음날 점심시간에 두 아이가 정해놓은, 나이아가라폭포 근처의 허름한 한국식당에 들어섰다. 그리고 우리는 어색하게 만나 악수하며 인사를 나누었다. 묘한 분위기 속에서 난생 처음 대면한 양쪽 식구 다섯 명이었지만, 그래도 우선 한국말이 오고가니 기분이 좀 누그러졌다. 음식을 주문하고 이런저런 이야기를 끄집어내다보니 두세 다리 건너지도 않아 서로 가깝게 아는 이름들이 나왔다. 어느새 우리는 가까운 사이처럼, 오랜 친구처럼 속마음을 털어내고 있었다. 이곳으로 오는 길이 참 어색했었다, 그런 거야 우리가 더하지 않았겠느냐,

고등학생밖에 안 된 딸내미의 남자친구를 만나겠다고 운전하며 오는 길이 아이고, 참…… 이렇게 이야기는 계속 이어졌다. 단 하루도 안 되어 우리는 친구가 되었고 계획하지 않았던 저녁식사까지 함께 나누었다.

그후 두 아이는 그렇게 전화로만 교제하다가 정확히 일 년 반 뒤에 같은 대학에 진학했다. 사 년의 대학생활 내내 함께 붙어다녔고 대학을 졸업하고 삼 년쯤 후에 결혼했다. 지금은 아들 하나와 딸 둘의 부모가 되어 행복한 가정을 꾸리며 잘살고 있다. (물론 '잘살고 있다'라고 말하기보다 '잘살고 있을 것이다'라고 해야 맞겠다. 왜냐하면 막내네도 다른 아들들과 같이 우리와는 먼 곳에 살고 있기 때문이다. 막내네는 비행기로 거의 세 시간이 걸리고 자동차로는 고속도로를 스무 시간 달려야만 닿을 수 있는 곳이다. 그래서 우리는 일주일에 한 번 정도 전화로 간단한 안부만 물으며 지내고 있다.)

누군가에게 무엇이 될 수 있다면

　나는 중학생 때부터 오 헨리의 단편소설 「마지막 잎새」를 정말 좋아했다. 마지막 한 잎이 남아 있는 그날 저녁에는 초겨울의 진눈깨비가 바람에 날리며 내리고 있었다. 다음날 아침 마지막 잎새가 틀림없이 바람에 날아가버렸으리라 생각하고 밖을 내다본 존시는 그 잎새가 아직도 가지에 달려 있는 것을 본다. 그다음 날에도, 그다음 날에도……. 추위와 바람에 날아가지 않는 강인한 잎새를 보면서 사경을 헤매던 존시는 생의 의욕을 느끼고 그때부터 극적으로 기력을 회복하여 건강을 완전히 되찾는다. 존시가 완쾌하던 날, 지하층에 살던 늙은 아마추어 화가 벌만은 죽음을 맞이한다. 바로 진눈깨비가 내리던 그날 벌만이 밤새 사다리 위에서 추위를 무릅쓰며 일생일대의 그림,

바람에 날아가지 않는 담쟁이 잎새 한 장을 벽돌담에 그리고 그날 이후 병을 얻어 외롭게 죽게 된다는 이야기.

소설 속의 '벌만'. 그는 실패한 화가가 아니라 작품 하나로 젊은 사람의 생명을 살려낸 위대한 화가이다. 아, 생명을 살릴 수 있는 예술가라니! 나도 시인이 된다면 사람의 생명을 구하는 시를 쓸 수 있을까 고민하던 고등학생 시절. 나는 결국 그런 엄청난 시인이 될 수 없을 것 같아 엉뚱하게도 의사가 되어 평생을 지냈다. 그리고 그간 부끄럽지만 환자의 고통을 덜어주는 데 도움을 주기도 했고, 생명을 구하는 자리에서 작은 역할을 해왔던 기쁜 기억을 가지고 있다.

그중 특히 가슴에 훈훈하게 남은 기억이 하나 있다. 내 은퇴 소식이 주위에 알려지자 여기저기서 앞다투어 파티를 열어주었다. 그 부산한 와중에 내가 일하는 병원의 홍보실장이 달려와 세계적인 패션모델과 그 가족이 나를 만나러 내일 비행기를 타고 온다고 말했다. 다음날 오후, 어떻게들 알았는지 그 유명하다는 모델을 보겠다고 몰려온 병원 사람들과 조명을 밝힌 이 도시의 3대 방송사 관계자들로 병원 복도는 완전히 막혀버렸다. 얼마 후 그 사람들을 헤치고 병원장의 인도를 받으며 모델이 들어섰고, 모델은 멋쩍게 서 있는 나에게 다가와 반갑다며 껴안고 뺨에 키스했다. 그리고 나보다 키가 큰 모델은 내 팔을 꼭 붙든 채 회의실로 들어갔고 기자들에게 자기가 이곳에 온 이유를 설명하기 시작했다.

"열 살 때 입맛이 없고 자주 미열에 시달리며 등이 아팠다. 여러 의사에게 진찰도 받고 약도 먹고 검사를 받았지만 병은 호전되지 않앉고, 의사마다 진단이 달라 정확한 병명조차 모르고 있었다. 등은 점점 더 아파왔는데 이 병원에서 간호사로 일하는 이모가 '닥터 마'를 소개해주었다. 소아방사선과 의사인 닥터 마는 자신의 환자가 아닌데도 나를 귀찮아하지 않고 그간에 했던 여러 검사 결과를 살펴보고 몇 가지 물어보더니 희귀한 백혈병일 가능성이 크니 당장 큰 도시의 백혈병전문병원에 가라고 조언했다. 그 말을 듣고 우리는 고맙다는 인사도 제대로 못하고 혼비백산해 사무실을 나가려는데 닥터 마가 무엇인가를 내 손에 꼭 쥐어주었다. 바로 이것이다."

그러더니 그 모델은 자신의 가방에서 낡은 묵주 한 개를 소중하게 꺼내들었다. "그후 전문병원에서 치료를 받았다. 그 병원에서는 조금이라도 늦었으면 가망이 없었다며 어떻게 이렇게 희귀한 종류의 백혈병을 진단했는지 신기해했다. 나는 닥터 마 덕분에 살아났다. 이 묵주는 내가 평생 가지고 살 것이다. 잃어버리지 않고 기도하며 늘 감사하는 마음으로 살겠다."

그때 그 소녀의 병명을 정확하고 자신 있게 진단해줄 수 있었던 것은 내 실력이었다기보다는 그 바로 며칠 전, 희귀한 소견에 대한 최신 논문을 읽었기 때문이었다. 이를 우연이라고만 할 수 있을까?

이제 나는 다시 어릴 때의 희망대로 시를 열심히 쓰려고 한다. 내 시로 감히 생명을 구하지는 못하겠지만, 누군가에게 위로가 되고 힘이 되고 용기를 줄 수 있다면 그 얼마나 좋겠는가.

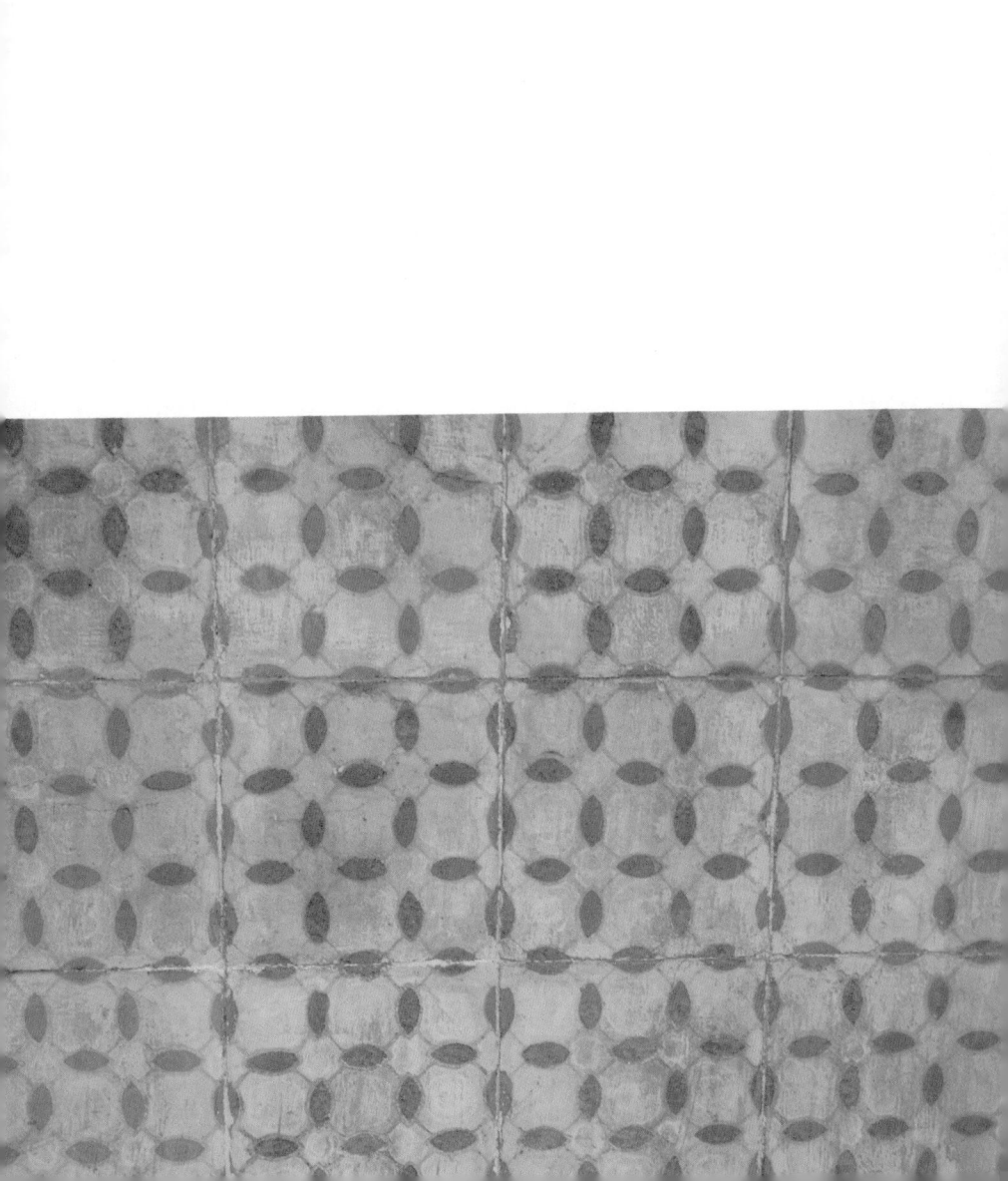

4부。 극진한 사랑은 아마 사람의 추위 속에서 완성된다

모래밭에 피는 꽃

　미국 사람들에게는 어떤 축제와 기념일이 제일 크고 인기 있을까? 남녀노소 통틀어 그 인기를 순서대로 말해보라고 하면 대강 7월 4일 독립기념일, 크리스마스, 그리고 늦가을의 추수감사절 순서가 될 것이다. 그리고 그다음은 틀림없이 프로 미식축구 결승전인 2월의 슈퍼볼 선데이가 될 것이다.
　미식축구 결승전은 미국에 오래 살지 않은 사람들은 이해가 가지 않을 정도로 엄청난 인기와 관심이 집중되는 이벤트이다. 일 년 중 길모퉁이 피자집에서 피자를 제일 많이 파는 날이 이날이고, 식품점에서 맥주와 샌드위치가 제일 많이 팔리는 날도 역시 이날이다.
　미국에는 대학교는 물론 초등학교에까지 미식축구팀이 있다. 어디서나 제일 인기 있는 구기 종목이 미식축구이고 인기 있는 학생은 대부분 미식축구팀 선수들이다. 대학 경기도 대단하지만 그 학생 선수들이 프로팀에 선발되는 날의 뉴스는 올림픽 금메달보다 더 크게 다루어진다.

미국 전국에는 서른두 개의 프로 미식축구팀이 있다. 열여섯 개 팀씩 아메리칸과 내셔널 컨퍼런스로 나뉘어 가을과 겨울에 걸쳐 대략 일주일에 한 번씩, 도합 열여섯 번의 경기를 한다. 그리고 각 컨퍼런스의 승자가 결정되면 이 주 후에 슈퍼볼로 그해 미식축구의 대미를 장식할 챔피언 팀을 결정한다. 프로야구 경기가 일 년에 백육십 번 이상, 프로 농구나 하키가 여든 번 이상 치러지는 것과 비교하면 아주 적은 게임이지만, 그 인기는 가히 광적이라고 할 수 있다.

처음 미국에 왔을 때, 수련의 과정 중 어느 교수가 이런 말을 한 적이 있다. "의사는 환자와 자연스럽게 대화를 이어갈 줄 알아야 한다. 그러려면 미국 문화부터 이해해야 한다. 미국의 문화를 이해하는 것 중의 첫째가 미식축구를 아는 것이다. 미식축구를 즐길 줄 알면 미국 문화의 삼 분의 일은 이해했다고 할 수 있다." 나는 그땐 그 말을 쉽게 이해하지 못했는데, 몇 해 지나지 않아 그 말이 사실임을 인정하지 않을 수 없었다.

제40회 슈퍼볼이 몇 년 전에 있었다. 경기 전후나 휴식 시간에 수많은 광고가 나왔다. 그 모든 광고는 이날을 위해 전부 새로 만들어졌고, 처음으로 방영하는 것들이었다. 이 광고의 가격은 삼십 초당 한국 돈으로 30억에서 40억 원 내외라고 했다.

내 두 아들이 마침 피츠버그에 산다. 큰아들은 그곳 의대 교수이면서 피츠버그 시의 프로 미식축구팀인 스틸러스의 안과 의사이기도 하다. 최우수 선수가 된 하인스 워드는 한국인과 흑인의 혼혈아인데다 마침 아들이 하인스 워드 부인의 라식 수술도 하게 되어서 서로 가깝게 지내고 있다.

나는 당연히 결승전에 진출한 피츠버그를 응원했다. 전체 경기 흐름은 뛰어나지 못했지만 피츠버그가 우승을 했고 지난 사 년간 연이어 올스타 팀에 뽑힌 하인스 워드가 그해의 최우수 선수상을 받았다. 우리의 기쁨은 더욱 컸다. 각광을 받은 하인스 워드는 1970년대 중반 흑인 미군 병사와 한국인 여자 사이에서 태어났다. 그러나 하인스 워드의 어머니는 그를 낳은 지 일 년도 안 돼 이혼을 당했고, 모진 고생 끝에 아들을 훌륭하게 키워냈다. 그 어머니의 이름은 김영희. 엄마와 아들이 살아온 사연을 처음으로 알게된 나는 가슴 찡하도록 감동했었다.

하인스 워드의 어머니는 무엇보다 아들이 기죽지 않고 커갈 수 있도록 하루에 열여섯 시간씩 식당에서 허드렛일을 하며, 신청하면 쉽게 받을 수 있었던 극빈자 구호금을 마다하고 살았다. 하인스 워드는 여러 인터뷰에서 "나를 키운 것은 한국인 어머니의 힘"이라고 자랑스럽게 고백하며 자신의 이름을 한글로 새긴 팔뚝의 문신을 보여주기도 했다.

그는 그런 자랑스러운 어머니와 함께 자신의 '절반의 고국'을 그해 4월쯤 방문한다고 했다. 나는 모쪼록 역경을 딛고 미국 스포츠계에

우뚝 선 모자母子가 즐겁고 보람찬 고국 방문을 마치기를 바랐다. 물론 그들의 그런 희망은 확실히 이루어질 것이다. 한국인은 누구보다 정이 많은 국민이니까.

한마디 덧붙이자면, 많은 한국인들에게 하인스 워드의 영광이 작은 자랑이 되었으면 좋겠다. 특히 극심한 순혈주의純血主義와 폐쇄적인 민족주의가 과거의 잠재적 열등의식의 발로가 아니었을까 되돌아보는 계기가 되기를 바란다. 한국은 이제 세계의 앞줄에서 어깨를 겨룰 만큼 국력이 강해졌다. 인종이나 민족에만 연연하기보다 지구촌 모든 인권에 초점을 두는 발전적 변화를 보여야 한다.

적어도 혼혈인에 대한 문제는 다시 점검하고 개선해 하인스 워드와 그 어머니가 1970, 80년대 받았던 수모와 모멸감, 그리고 단지 피부색 때문에 받았던 극심한 차별 대우의 기억을 더이상 상기하지 않는 사회가 되기를 진심으로 바란다.

여유는 향기로 남고

　내가 미국의 수련의로 고용되어 고국을 떠난 것은 1960년대 중반이었다. 대한민국이라는 가난한 나라에서 온 나는 의술도 부족했고 언어도 서툴렀다.
　그러나 처음 몇 년 동안 내가 이런 열등감과 정신적인 스트레스를 이겨낸 것은 훌륭하고 여유로운 조상의 후예라는 이상한 자부심 때문이었다.
　가난한 고국을 떠난 나는 몇 달도 지나지 않아 미국의 풍요를 미국 땅 어디에서나 볼 수 있었고 느낄 수 있었다. 그런 와중에도 내가 한국인이라는 자각에 힘이 되고 자부심을 갖게 한 것은 바로 그 화려한 풍요 사이사이에 보이는 미국인의 획일적이고 이기주의적인 사고,

개인주의적 생활의 피폐한 경직성이었다.

삶의 모든 규정과 판독은 과학이었고 기계 우위였고 돈이 중심이었다. 사람들은 잘살고 못사는 것에만 목을 매고 있었고 눈에 보이는 풍요를 찾아 허우적거리기 바빴다. 극심한 경쟁 사회에서 소가족제도와 개인주의가 판을 칠 수밖에 없었고 여기서 파생되는 인간관계의 불신과 소외감은 무서울 정도로 어디서나 넘쳐났다.

동료 의사들도 환자와의 관계에서 얼음같이 차갑기 일쑤여서 한국에 있을 때 내가 보고 경험했던 선배 의사들이 따뜻하게 환자를 보살피던 모습을 다시 상기하게 했다. 그렇게 수십 년이 흘렀다.

나는 그런 미국 사회에 차츰 익숙해졌고 물질만능과 과학만능만으로 이루어졌던 미국 사회가 천천히 그리고 많이 변해온 것도 알게 되었다. 의과대학의 커리큘럼에 문학과 철학이 들어가고 사회가 가족의 중요성을 강조하고 공중도덕과 병약자 보호에 관심을 더 기울이기 시작했다.

하지만 내가 꿈에서도 잊지 못했던 고국에 돌아와 몇 달씩 지내보면서 어쩔 수 없이 느끼는 고국생활의 어색함은 내가 미국에 처음 갔을 때가 상기되는 이상한 기분도 한몫을 하는 것 같다. 고국의 모습은 물질주의와 권력과 명예에 대한 과욕이 1960년대보다 확실히 더 두드러져 보였다. 그런 것들이 인간관계를 횡적인 관계보다 종적인 관계로 만드는 것처럼 느껴졌다.

그 사람은 나보다 돈이 더 많으니까 내 위에서 군림할 수 있고 저 사람은 나보다 명예가 뒤지니까 내가 깔봐도 된다는 의식이 공공연히 자주 보였다. 한푼이라도 더 벌고 윗자리에 앉아 존경과 부러움을 받기 위해 촌음을 아껴가며 발버둥치는 생활인이 많아 보였다.

어느 나라의 사십대 후반 간부급 회사원이 언제 해고당할지 몰라 걱정하며 포장마차 장사를 준비해야 하는가. 혹시나 내 출세를 위해, 내 이익을 위해 남이야 어찌되든 알 바 아니라는 풍조가 횡행하고 있는 것은 아닌가. 서울이고 지방이고 차선을 지키며 운전하는 사람보다 한 걸음이라도 먼저 가려고 운전 수칙을 어기는 사람이 더 많다. 특히나 출퇴근 시간에는 그 정도가 심하다.

우리나라가 IT산업이 세계 최고인 탓도 있겠지만 인구수 대비 휴대전화 사용자 역시 세계 1위임에 틀림없다. 모두 부산하고 바쁘고 정신이 없다. 걸을 때도 쉴 때도 뛸 때도 무슨 사업이 그리 바쁜지 다른 이는 안중에도 없고 소리지르며 전화를 거느라 바쁘다. 여유로운 시간이 너무나도 부족하다. 꽃을 볼 시간도 구름을 볼 시간도 없다. 일이 뜻대로 안 된다고, 자존심이 상했다고 앞뒤 생각 없이 툭하면 한강에 뛰어든다. 성적이 좋지 않다고, 왕따를 당했다고 고층 아파트에서 어린 학생들이 투신자살을 한다. 언제부터 시작된 극심한 경쟁의 부산물인가. 이것이 과연 선진국으로 가는 풍경인가.

오래전에 어느 신부님이 쓰신 글 한 구절 기억난다.

여유로움은 귀한 것이고 자아를 찾을 수 있는 시간이다. 삶의 여유는 삶을 즐기게 하고 행복하게 한다. 여유 없이 바쁘다는 것은 허겁지겁 남의 뒤만 쫓아다니기 때문이다.

내 삶의 여유는 누구의 여유를 빼앗는 것이 아니고, 신기하게도 상대방에게 내 것을 양보하고 내 것을 내어줌으로써 얻을 수 있는 요상한 것이다. 물건과 돈을 움켜쥔다고 가질 수 있는 것이 아니고 그것을 내어놓고 나눔으로써 마침내 가슴으로 따뜻하게 획득할 수 있는 것이다. 그리고 그 여유는 향기로운 내 삶의 활력제가 되고 내일을 볼 수 있는 초자연적인 힘을 주기도 한다.

인도와 파키스탄

　인도와 파키스탄은 지리적으로 인접해 있지만 엄연히 다른 나라다. 종교 풍습도 다르고 서로를 경계하며 싫어하는 것도 생각보다 심각하다.
　인도人道와 차도車道는 어떤가. 인도와 차도 역시 바로 인접해 있지만 완전히 다른 용도이다. 인도는 행인들을 위한 길이고 차도는 크고 작은 자동차들이 자유로이 질주하는 곳이다. 행인들은 정해진 구역에서 신호등의 지시에 따라 차도를 건널 수는 있지만 아무때나 아무 차도에서나 걸어다닐 수는 없다.
　이런 규칙은 미개한 나라일수록 물론 잘 지켜지지 않는다. 인도와 차도의 차이를 구분하지 못하거나 무시하는 것은 질서의식이 없는 것

이고 공중도덕이 부족한 것이다. 결코 선진국의 모습이라 할 수 없다.

선진국이 아닌 나라에서는 도심 한복판으로 자동차와 행인과 오토바이와 심지어 소, 돼지, 오리떼도 한데 어울려 사이좋게 왔다갔다 하는 광경도 볼 수 있다.

큰 도시임에도 아예 인도와 차도를 나누지 않은 나라도 있다. 이런 나라들을 통틀어 우리는 개발도상국가나 미개국이라고 부른다. 이런 나라에서 가장 빠르고 유능한 교통수단은 오토바이다. 이런 현상은 동남아나 중남미의 어느 도시에서나 쉽게 볼 수 있다.

선진국에도 오토바이 이용자는 많지만 정확하게 차도를 이용한다. 오토바이를 타고 인도를 달리면 당장 붙잡혀 정신병원에 들어가게 되든지 경찰서 영창 신세가 된다. 파키스탄 사람이 인도라는 국가 안에서 제멋대로 행세를 못하듯 오토바이가 인도를 달리는 선진국은 없다. 우리나라는 그래서 아직 선진국이 될 수 없는 것인가. 내가 고국에 살면서 이해할 수 없는 것 중 하나가 바로 인도를 종횡으로 누비는 오토바이의 횡포다.

나는 차車가 없어 급한 일로 택시를 타는 경우가 아니면 지하철을 이용하기 때문에 매일 인도를 많이 걷는 편이다. 그러나 고국에서 인도를 걷는다는 것은 어지간한 다른 나라에서와는 사뭇 다르게 모험이 뒤따른다. 여유롭게 주위를 살피거나 혹은 생각에 잠겨 유유하게 인도를 걸을 수는 없다. 바로 마귀 같은 오토바이가 어느 순간, 어느 구석에서 갑자기 나타나 나를 덮칠지도 모르기 때문이다.

자장면 배달이나 퀵서비스를 위한 전문적인 오토바이 운전자들은 싸고 빠르고 편리하다는 이유로 젊은이고 늙은이고 아무데서나 시동을 건다. 이들은 차도에서도 달리는 자동차 사이를 서커스하듯 지나갈 뿐만 아니라 인도에 들어서서 행인들 사이사이를 기술 좋게 질주하곤 해서 간담을 서늘하게 한다. 그런데 이런 아찔한 광경을 보고도 누구 하나 나무라는 사람이 없다. 이제는 오토바이도 행인으로 봐야 하는지 아닌지를 판단해야 할 정도인 것 같다. 인도가 인도 같지 않은 곳도 너무 많다. 한참 걷다보면 갑자기 인도에다 차들을 가득 세워놓아 주차장을 방불케 하기도 하고 식당이나 술집이 되어 있기도 하다.

 이렇듯 우리나라의 인도 중에는 가난한 인도보다 못한 곳도 많다. 오토바이만 피한다고 행인의 안전이 보장되는 것도 아니다. 많은 인도가 마치 요술 부리는 집이나 유령의 도시나 물결치는 바다 표면처럼 슬그머니 오르락내리락거리기 일쑤이고 보도블록이 들쑥날쑥 빠진 곳이 많아 갑자기 움푹 파인 곳을 헛디디는 일도 부지기수다. 한 발 한 발 조심해 걷지 않으면 발목이 부러지거나 길 한복판에서 넘어지는 불상사를 얼마든지 겪을 수 있다. 이런 웃지 못할 풍경이 세계에 자랑하는 수도 서울에 버젓이 존재하고 있다.

 행인의 기본 권리를 누리기 위해서 모두 함께 가난한 인도를 총력으로 사수하자고 외치고 싶은 심정이다.

실미도, 그 이후

한번은 고국에 오자마자 매스컴에서 떠들어대던 〈실미도〉라는 영화를 보려 했지만 이미 상영기간은 끝이 났고 재개봉 영화관은 찾을 수 없었다.

며칠 후 영화를 보지 못한 아쉬움을 한 후배 시인에게 말했더니 그렇다면 진짜 실미도에 가보는 것은 어떻겠냐고 제안했다. 실미도가 서울에서 그리 멀지 않다는 것도 알려주었다. 영화의 인기가 좋아서 영화의 촬영지였던 실미도도 이제는 관광지가 되어간다는 후배 시인의 이야기를 들으면서 우리는 어느 날 아침 실미도로 향했다.

인천 근처의 무의도라는 곳에 차를 세우고 썰물이 빠진 틈을 타 드러난 긴 징검다리 같은 것을 건너 작은 무인도인 실미도에 들어섰다. 여기저기 팻말이 박혀 있는데, 그 마디에는 영화 〈실미도〉의 스틸 컷이 붙어 있었다.

조잡한 팻말에 붙은 작은 사진들을 훑어보면서 섬을 걷던 나는 점점 기분이 뭉그러지기 시작했다. 아담한 섬 여기저기에는 영화를 찍을 때 썼음직한 긴 철근 파이프가 어지럽게 널려 있고, 굵은 로프가 구렁이처럼 썩어가는가 하면 적당히 잘라놓은 나무판자들이 마구 흩어져 있었다. 특히 어디선가 떠내려왔을 법한 엄청 많은 음료수 캔과 소주병이 어지럽게 온 섬을 덮고 있었다.

입구의 다른 쪽, 아마도 영화의 주무대였을 아름다운 해변가의 잘생긴 바위들 사이로는 영화 소품으로 쓰였을 모래 포대가 흩어져 있었다. 일부는 해변가 모래 속에 반쯤 묻혀 있었고 다른 일부는 모래가 터져나와 포대 자루가 바닷물에 너덜거리고 있었다.

아름다워야 할 작은 해변가와 바위들은 전쟁이 지나간 폐허처럼 어수선하고 배 터져 죽은 짐승들이 즐비하게 널려 있는 듯 그로테스크한 느낌을 주었다. 도대체 이게 웬일인가. 영화 촬영이 끝난 지 일년이 훨씬 지났을 텐데 도대체 아직도 이게 무슨 일인가. 그 좋은 영화를 찍은 회사가 영화 제작 후 나 몰라라 하고 쓸데없어진 부대시설 치우는 것을 잊거나 무시해버린 것일까. 그것이 아니라면 인천시 문화관광 담당자들이 홍보에 쓰겠다며 나무판자, 썩은 동아줄, 맥주 캔이나 소주병을 방치해달라고 한 것일까?

아름다운 자연 풍광을 이렇게 쓰레기 더미로 만들어버릴 권리가 어느 누구에게 있다는 말인가. 이 작고 아름답던 섬이 괴상하게 썩는 냄새와 누더기와 쓰레기가 부끄러워 울고 있는 것 같은 착각까지 들게 만들었다.

실망감에 함께 갔던 후배 시인과 섬을 황망히 떠나면서 실미도實尾島가 영화 한 편 때문에 아름다움을 완전히 잃어버린 실미도失美島가 되었다며 탄식했다. 우리 모두 솟구치는 분노를 감출 수 없었다.

고국의 여러 곳을 여행하면서 나는 이런 광경을 자주 목격했고 주위의 많은 사람들이 자연환경을 훼손하고 있으면서도 나 몰라라 하는 식으로 무신경하게 넘기는 걸 본 적이 많았다. 놀이터에 가면 쓰레기 냄새가 진동하고 아름다워야 할 냇가나 강가에는 비닐봉지나 과자상자가 둥둥 떠다니기 일쑤였다. 게다가 미관 때문인지 시내의 유원지나 절터에는 쓰레기통이 귀해서 쓰레기를 버릴 곳도 마땅치가 않았다.

우리가 자연환경에 관심을 가지는 것은 사회의 질서이고 공중도덕이고 하느님이 주신 자연에 대한 인간의 예의가 아닐까. 오염된 고약한 냄새 때문에 코를 틀어막고 훼손된 자연환경이 안쓰러워 눈 둘 곳을 찾기 어려운 시기가 하루빨리 끝나기를 두 손 모아 바랄 뿐이다.

그리고 이런 내 희망은 곧 이루어질 거란 믿음에 마음이 조금 편안해지기도 한다. 십여 년 전까지만 해도 자동차 매연 때문에 길을 걸으며 고생하던 일을 이제는 더이상 찾아볼 수 없고, 화학물질로 개천이나 강가에 거품이 일며 검고 푸른 공포스러운 분위기를 자아내던 때도 확실히 거의 다 지났다.

게다가 그렇게 더럽던 공중화장실이 이제는 생화가 싱그럽게 자랄 정도로 세계 어느 나라와 비교해도 부끄럽지 않게 깨끗해졌다. 이런 나라에서 자연을 훼손하는 일이 얼마나 부끄러운지 느끼지 않을 수 있겠는가.

게으른 나라

　세계적인 의학 저널인 영국의 『랜싯Lancet』지는 지난 2012년 7월호에서 180개 조사 대상국 중에서 제일 게으른 나라는 지중해 연안에 있는 '몰타Malta'라고 발표했다. 그 나라 성인 인구의 19%는 운동 부족으로 인한 비만이며 그만큼 쉽게 사망한다고 했다.
　내가 마침 얼마 전에 그 몰타라는 작은 섬나라에 다녀왔기 때문인지 그냥 읽고 지나치지 못하고 고개를 갸우뚱했다. 아니 그 많은 국가 중 하필이면 그 예쁜 몰타라니! 경치 좋은 포도원의 포도주 시음장에서 일하던 처녀, 그 미소가 예쁘고 부지런한 처녀의 나라가 세계에서 제일 게으른 나라라니!
　몰타는 장화처럼 생긴 이탈리아 반도 발끝에 있는 삼각형 모양의 시칠리 섬 바로 밑, 바닷길을 자동차로 갈 수 있다면 시칠리 섬에서 한 시간도 채 걸리지 않는 지척에, 과자 부스러기처럼 떠 있는 세 개의 작은 섬나라다. 그 섬 세 개를 다 합쳐봐야 우리나라의 강화도 크기만하고 총 인구가 40만 명이 채 되지 않는 유럽에서 제일 남쪽에 위치한 나라. 그러나 묘하게도 그들 고유의 언어를 간직하고 있는 나라다.

누구나 예견할 수 있듯이 몰타는 긴 역사를 지녔지만 지중해의 교통 요새이고 작은 나라여서 오랜 세월 여러 나라로부터 침략과 지배를 받아왔다. 처음에는 카르타고, 다음은 로마제국, 시실리왕국, 스페인왕국의 지배를 받아오다가 십자군의 패전으로 떠돌던 성 요한 기사단에 의해 또 250여 년간 지배당했다. 그다음에는 나폴레옹의 프랑스, 그리고 1800년대부터 영국령으로 지내오다가 1964년에 독립하게 되었다. 그래서 그 오랜 세월 자신의 정체성을 잃지 않고 고유한 언어를 간직해온 그들의 독립심은 많은 이의 우러름을 받을 정도다.

수도인 발레타 항구로 들어오면 도시를 감싸고 있는 상당히 길고 높고 견고한 성벽부터 만나게 되는데 성은 그 자체로 수많은 침탈의 역사를 보여주고 있다. 예부터 전해오는 이슬람 문화와 라틴 문화, 거기에 지난 수 세기 동안의 영국식 교육제도와 문화가 합쳐져 조금은 이상한 생활 습관을 보이기도 한다. 대부분의 국민은 몰타어 다음으로 영어를 상용하고 있다. 국민의 90% 이상은 로마 가톨릭 신자이고 나라 전체에 흩어져 있는 수많은 성당은 세계에서 제일 아름답고 우아하다고 그들은 자랑하고 있다. 그 바람에 나도 유명하다는 성 요한 대성당에 들어가봤는데 수수하고 고풍스런 외관과는 다르게 내부는 아름답다기보다 화려하다는 말이 적합할 정도로 고급스럽고 정교하고, 돔 모형의 천장부터 모든 것을 황금으로 도배를 한 느낌이었다. 나는 문득 이 나라 사람들의 저변에는 한때 큰소리치며 살았던 성 요한 기사단 시절의 영향이 생각보다 깊다는 느낌도 받았다.

한데 이 아름답고 작은 나라의 국민이 세상에서 가장 게으르다니. 나는 자꾸 믿기가 어려워 그 논문을 좀더 상세히 읽어보기로 했다. 그 논문에 의하면 몰타 다음으로 게으른 나리는 스위스였다. 그리고 3등은 사우디아라비아, 4등은 쿠웨이트, 5등은 아랍에미리트. 글쎄 3, 4, 5등은 부자 나라니까 게으를 수 있다고 치더라도 2등이 스위스라면 문제가 있는 게 아닐까. 믿을 만한 다른 사람의 통계에 의하면 세계에서 가장 행복한 나라는 덴마크이고 2등이 스위스라는데. 국민들의 행복과 만족도를 통계로 계산한 이 연구에서 3등은 오스트리아, 4등이 아이슬란드이고 미국은 23등, 중국은 82등이었다. (한데 이 통계에 왜 한국은 포함되어 있지 않을까?) 어쨌든 세계에서 두번째로 게으른 나라인 스위스는 국민의 대다수가 행복하다고 선언했다. 게다가 국민의 평균수명이 80세이고 일인당 소득은 3만2천 불이라니 어딘가 이가 맞지 않는다는 생각이 든다. 게으르고 운동량이 부족해 빨리 죽는다는 스위스 사람의 평균수명이 80세란 말인가. 몰타 사람의 평균수명은 남자 76세에 여자 80세. 확실하진 않지만 우리나라 사람의 평균수명과 엇비슷한 숫자가 아닌가. 물론 몰타의 일인 소득은 한국보다 낮은 1만3천 불 정도라지만 유럽 사람들은 그런 소득 차이로 불행하고 가난하고 게으른 사람이라고 생각하지 않는다는 것을 우리는 잘 알고 있다.

문득 내가 처음 본 미국의 1960년대 풍경이 되살아났다. 미국으로 건너간 첫해, 가난에 찌든 나라에서 온 나는 미국의 풍요를 어디서나 볼 수 있었다. 상점에 진열된 값싸고 싱싱하고 풍성한 온갖 식료품은 나에게 더이상 굶을 걱정을 하지 않아도 된다고 말해주는 것 같았고, 지나가는 길거리의 무성한 가로수나 곳곳에 널린 공원의 나무숲에서마저 미국의 풍요를 느낄 수 있었다.

그러나 그런 길거리를 걷다보면 아주 놀랄 만한 낯선 광경도 많이 보였는데 그중 한 가지가 뒤뚱거리며 걸어가는 엄청난 비만증 사람들이었다. 이게 웬일인가. 이게 그냥 비만증인가, 아니면 무슨 병인가. 웬 비만이 이렇게도 많단 말인가. 단순한 비만이라고 볼 수 없을 정도로 내게는 기형이고 외계인이었다. 그러나 그때만 해도 비만의 정도가 덜했던 것인지 아니면 다른 나라의 빈곤이 대단했던 것인지 그 당시 미국인의 평균수명이 세계 10위였다. 지금은 물론 40위로 떨어졌지만. 그 이유를 운동 부족과 의료 시스템의 부실이라고 진단하는 미국 건강연구자의 말처럼 비만인은 이십 년 전보다 심각하게 많아졌다. 요즘 길거리에 서서 지나다니는 사람들을 보면 살이 지나치게 쪘다고 쉽게 지적할 수 있는 사람이 반 이상은 된다. 해도 너무했다는 탄식이 저절로 나오는 경우가 많다. 어느 논문은 미국인의 70%가 과체중인데도 영양 과다 섭취는 해마다 괄목할 만큼 늘어난다고 한다.

몰타에 체류하던 중 우리는 아름다운 포도밭 정자에 둘러서서 거

기서 만든 포도주를 시음하고 그곳 사람들과 이야기를 나눌 기회가 있었다. 그들은 과자 부스러기 정도의 크기인 자기 나라를 계속 자랑하면서 몰타산 포도주에 흥겹게 취해갔다. 예의상 그랬는지는 몰라도 내 고국인 한국에 대해서도 이야기했다. 물론 대화의 대부분은 몰타에까지 수출된 삼성 텔레비전이나 현대 자동차가 주를 이루었다. 그들은 그것들이 너무 고급이고 비싸서 장만하기가 힘들다며 많이 부러워하면서도 그들은 자신들이 아주 행복한 나라에 사는 행복한 사람들이라는 점을 강조하고 있었다. 게으르고 돈이 좀 없기는 해도 자신과 가족, 자기 나라에 자부심을 가지고 삶을 즐기는 이들이야말로 정말 현명한 사람들이 아닐까 하는 생각이 들었다.

   누군가가 그랬다. 행복한 사람이 바로 똑똑한 사람이라고. 지금 이 순간을 즐기는 사람, 지금 행복을 느끼고 이 순간을 소중하게 생각하는 사람이 바로 똑똑한 사람이라고. 세상은 헉헉거리며 무엇을 하는지도 모르고 바쁘기만 한 바보들을 위한 곳이 아니라 그런대로 자주 느긋한 시간을 가지고 삶을 즐기는, 똑똑한 사람을 위한 아름답고 특별한 곳이라고…….

피부로 통하는 대화

이번에도 노벨문학상은 한국의 기대를 외면했다. 노벨문학상이 시작된 지 백 년이 훨씬 지나도록 일본이나 중국이나 인도도 다 문학상 맛을 보았는데, 유독 한국은 단 한 번도 상을 차지하지 못하고 있다. 그래서인지, 매해 발표가 날 때쯤이면 비정상적이라고 할 정도로 온 나라가 관심을 모은다. 지난 수 년간 한국의 언론은 특정 문인의 집 앞에 백 명이 넘는 기자들이 우르르 몰려가 노벨문학상 발표를 초조히 기다리며 밤샘을 한다는 기사를 사진과 함께 보여주곤 했다. 바로 그 광경이 또다른 나라에서는 우스개 토막 소식으로 널리 전해지고 있다는 것을 얼마나 많은 이들이 알고 있을까.

2008년, 노벨문학상은 프랑스의 소설가 르 클레지오Jean Marie

Gustave Le Clezio에게 돌아갔고, 일흔이 넘은 이 지한파知韓派 작가는 2008년 12월에 스톡홀름 시상식에서 142만 불의 상금도 받았다. 노벨문학상 발표가 난 후 즉석 인터뷰에서 당신이 소설을 통해 전하고 싶은 메시지가 무엇이냐는 질문에 '소설가는 철학자도 아니고 언어의 기능공도 아니다. 소설가는 소설을 통해 쉬지 않고 질문을 던지는 자다. 그리고 소설가는 자동응답 같은 해결책을 가지지 못한 현실과 삶에 대하여 분명한 소리로 질문하는 자'라고 대답했다.

스웨덴 한림원은 르 클레지오를 언제나 새로운 출발을 시도하는 작가, 시적 모험과 인간성 탐구에 몰두하는 작가라고 평가하면서 수상 소식을 발표했다. 그리고 발표 며칠 전 한림원의 상임 사무총장 호라세 앵달Horace Engdahl은 미국문학 출판계가 번역 사업에 소극적인 점을 지적하면서 '미국문학은 편협하고 무식하다. 문학 세계의 중심은 여전히 변함없이 유럽이란 사실을 부인할 수 없다'고 말했다. 그러고 보면 노벨문학상이 생겨난 이후 첫 삼십 년간 인도의 시인 타고르 Rabīndranāth Tagore를 뺀 스물아홉 명이 모두 유럽인이었고, 최근 수상자들을 살펴봐도 대다수가 유럽인이었다.

정말 왜 한국 문인에게는 노벨문학상의 영예가 돌아오지 않는 것일까. 그 이유에는 아마도 스웨덴 한림원의 유럽 중심적 사고와 같은 문제뿐만은 아닐 것이다. 그리고 내가 생각하는 이유들 역시 다른 분의 생각과 별반 다르지 않을 것이다. 우선 작품 번역에 문제가 있다. 최근에 내가 경험한 일화를 예로 들어보자.

미국에서 오랜 유학생활을 했던 이들이나 문학 계통의 공부를 하

는 한인 학생들이 지난 십여 년간 자신이 영어로 번역한 내 시들을 보내와 감수를 부탁하면서 책으로 출간하고 싶다고도 했고, 한국문학번역원이나 대산문화재단의 번역 출판 후원금을 신청하기 위해 내 동의를 구해온 사람도 여럿 있었다. 이렇게 많은 이들이 자신이 영어에 숙달하고 번역에 자신 있다고 생각하게 된 것은 반가운 일이기는 하지만 미국 시인이나 평소에 시 읽기를 좋아하는 미국 의사들에게 번역해온 글들을 보이면 거의 하나같이 '이건 시가 아니다'라는 황당한 대답으로 그 서두를 꺼낸다. 내가 보기엔 괜찮게 번역된 것 같은데 시가 아니라니? 이유인즉 우선 운문으로서의 운율이 없고 단어가 거칠고 의미가 상통하지 않는다는 것이다.

그러다가 몇 해 전 좋은 인연으로 한국 국적으로 귀화한 영국 태생 영문학 교수이자 이미 많은 한국소설과 시를 영어로 번역 출간한 안선재 교수를 알게 되었다. 그분의 도움과 번역원의 뒷받침으로 나도 영시집 한 권을 미국에서 출간하게 되었다. 그때 안교수가 내게 보내준 대략 스무 편의 내 번역 시를 미국의 친구 시인과 동료 의사에게 보이니 그들은 드디어 나의 시를 영어로 읽게 됐다며 매우 기쁘다고 했다. 이런 반응은 내게 처음 있는 일이어서 나는 즐거운 마음으로 안선재 교수에게 매달리기로 결심했고 그후 그분이 번역한 나의 졸시 백여 편을 하나하나 열심히 읽기 시작했다. 그러나 그 초역본을 읽으면서 나는 내 의도와 다른 곳, 표현이 잘못된 곳과 오역된 부분들을 많이 발견했다. 그래서 그후 두 달 이상 나는 안교수를 만나면서 오역을 고치고 더 좋은 표현을 위해 열띤 토의를 계속했다. 그리고 모두가

지쳐서 일을 마무리지었을 때, 백여 편의 시 중에 단어 하나라도 바꾸지 않은 것은 단 한 편도 없었다. 완전히 너덜너덜해질 정도로 고쳐진 번역본을 보면서 안교수는 권위 있는 번역자답게 많이 기뻐했다. 그리고 책의 첫 부분, '번역자의 서문'에서도 보다 완전한 번역을 위해 저자와 함께 단어 하나하나를 조심히 다루었다고, 이런 경험은 자신에게 처음 있는 일이었다고 술회했다.

내게도 역시 '번역은 또다른 창작 행위'라는 말을 절절하게 실감한 힘든 경험이었다. 현재 우리나라 문학작품은 과연 본래의 뜻을 손상하지 않고 저자가 의도한 뜻이 잘 전달되도록 완전하게 번역되고 있는 것일까? 일괄적으로 말할 수는 없겠지만 나는 그렇지 못한 것도 많다고 생각한다.

그렇다면 한국문학이 노벨상을 받을 만큼 높은 수준을 갖추고 있지 않다는 일부의 의견은 어떻게 이해해야 할까. 나는 두부를 자르듯 무조건 실력이 모자라다는 주장에는 물론 반대다. 그러나 문제작이라고 하는 많은 우리의 문학이 세계적인 작품이 되기에는 허점을 보이고 있다는 것엔 수긍이 가기도 한다. 어느 사찰 어느 보살의 얼굴에 번진 천진한 웃음기가 좋다느니, '만득이는 농군, 우리의 영웅'이라고 외치기만 하는 도식적 저항문학, 아직도 배타적 민족주의나 민중문학의 패러다임에 빠져 있는 작품은 천천히 치울 때가 된 것이 아닐까. 구구절절 얽히고설킨 한풀이를 걷어내고 거시적 안목에서 인류의 선善을 암시하고, 내 패거리의 정의만 주장하기보다 현실과 현장을 뛰어넘을 수 있는 인간의 원초적 희망과 사랑을 추구하고, 자연과 인간의 융화나 갈등에 대해 고민하는 작품을 찾아나서야 할 때가 아닐까. '일본적인 것이 가장 세계적'이라고 생각했던 1960년대의 일본 작가 가와바타 야스나리川端康成에서부터 작고 보잘것없는 사연을 통해 인간 일반에 대한 이해와 신뢰를 문학화한 작가 오에 겐자부로大江健三郎의 변화를 되새길 때가 아닐까.

여기에 한 가지만 덧붙인다면 많은 돈을 들여 번역 출판한 수많은 한국문학을 아무에게나 적당히 우편으로 보내 쓰레기통에 버려지게 하거나 한국에서 목에 힘을 주기 위한 수단으로 쓸 것이 아니라, 직접 그 나라의 독자를 찾아가 책을 소개하고, 읽게 하고, 알려야 할 것이다. 그 나라의 독자나 문학인을 만나 대화하고 토론함으로써 한국문학이 그 나라 독자에게 다가가도록 하는 것이 중요할 것이다.

나의 번역 시집을 출간할 당시 출판을 결정한 미국의 문학전문 출판사 사장이 한국의 번역원에서 출판비만 받고 책을 출간하는 고충을 난데없이 내게 이메일로 설명해 심사가 좀 뒤틀렸었지만, 막상 책이 출간된 뒤에는 내 자긍심도 없지 않아 그간에 내가 알고 지낸 미국인 친구들에게 편지와 전화로 내 시집을 사서 읽어보라고 부탁했다. 그리고 미국의 여러 대학 문학 모임이나 강연회에도 참석해 한국문학의 특수성을 이야기하면서 곁달아 내 시도 읽고 질의응답하는 시간도 가졌다.

이렇게 내 번역 시집을 출간한 지 반년이 지나자 출판사 사장은 자기 출판사에서 출간된 책 중에서 가장 많이 팔렸다는 소식과 인터넷 서점인 아마존닷컴의 판매 순위까지 알려왔다. 어느 때든 두번째 시집이 준비되면 자기네가 꼭 출판을 하겠다고 했다. 그러나 그보다 듣기 좋았던 말은 미국인 친구들이나 그들을 통해 내 시를 읽은 미국인들 대부분에게 '한국인이 쓴 시를 읽어본 것은 처음이었고 한국 현대시가 이렇게 감정이 풍부하고 감동적이며 색다른 줄 몰랐다'는 인사를 들을 때였다. 언뜻 나도 한국문학에 작은 보탬을 한 것이 아닐까 하는 생각까지 들었다.

이렇게 해서든 저렇게 해서든 우리는 우선 우리의 문학작품을 잘 번역해서 자꾸 세계에 소개해야만 한다. 그냥 뿌려대거나 한국에 도로 가져올 것이 아니라 그 나라 사람들과의 대화를 통해 그들의 피부로 우리 것을 느끼게 해야 한다. 이제 겨우 이삼십 년 역사밖에 안 된 우리 문학의 번역 작업이 아닌가. 그런 면에서 한국문학번역원이나 대산문화재단의 부단한 번역 및 홍보는 큰 박수를 받아야 마땅할 것이다. 그 덕에 언젠가는 삼 년 연속 노벨문학상 수상이라는 색다른 기록을 우리가 만들어낼지 누가 알겠는가.

따뜻한 나라의 따뜻한 깊이

　미국 남부 조지아 주의 애틀랜타 시에 있는 애모리 대학에서 한국계 미국 대학생들의 연차 모임인 제22회 캐스컨Korean-American Student Conference이 열린 때였다. 나는 이 모임에서 기조연설자로 초대되어 한국인의 정체성에 대한 연설을 했고, 또다른 개별 모임에서는 한국문학과 내 시에 대한 강연을 했다.
　캐스컨 모임은 미국 유명 대학의 한국계 학생들이 주최하는 것으로, 한 해도 거르지 않고 이어온 한국계 미국 대학생 모임 중 제일 규모가 크고, 소수 민족계 모임 중 미국에서 제일 긴 역사와 가장 많은 인원을 자랑한다. 그 지방 한국인 유지들의 후원과 참석자들의 회비로 3박 4일간 계속되는 이 모임은 도심의 큰 호텔을 통째로 빌려 한국

계 미국인의 삼군 사관학교 생도를 비롯해 매해 평균 천여 명의 학생이 모인다. 십오 년 전에는 내 아이도 이 모임의 책임을 맡아서 나도 참석해보았는데 수십 명의 대학 한국 학생회가 거의 반년이란 오랜 기간을 들여 준비하는 모습에 참으로 기특하다는 말이 절로 나왔다. 엄청난 규모와 탄탄한 짜임새에 놀라움을 감출 수 없었다.

분과별 모임 중의 하나였던 한국문학과 내 영시 낭송 모임에 참석한 백오십여 명의 학생들 중에서는 백인 일고여덟 명과 흑인 다섯 명이 유난히 내 눈에 띄었다. 아, 이 친구들이 혼혈아인 모양이구나. 이제는 이런 친구들도 스스럼없이 이 모임에 참석하는구나. 강연이 끝나고 질문 시간에는 이들이 질문을 계속해주어서 속으로 감동을 받기도 했다. 모임이 파하고 내 시집들을 소개하던 중 몇 학생이 개인적인 질문도 받아줄 수 있겠느냐고 물었다.

그들의 질문은 모국인 한국에 대해 더 알고 싶다, 일 년이라도 한국문학을 공부하면서 한국에서 살고 싶은데 장학금을 받을 수 있느냐, 본인들이 쓴 시들을 봐줄 수 있느냐는 등 내가 직접 도울 수 있는 것은 반도 되지 않는 것들이었다. 그런 진지하고 열정적인 질문을 받으면서 문득 최근 들어 한국계 젊은이들의 소설이 미국의 대형 책방에서 자주 발견되는 일이 생각났다.

그러나 그런 고양된 내 마음은 곧 고국에서 자주 보이는 고단한 풍경에 겹쳐졌다. 그리고 그것은 금방 나를 우울하게 만들기에 충분했다. 고국의 여기저기에는 한 핏줄 시인 동아리라며, 한겨레 문학회라며 배타적으로 '한민족'만을 부르짖는 근시안적이고 속 좁은 문인들의 목소리가 팽배하다는 사실이 마음에 걸려서였다. 과연 진정한 의미에서 우리가 한 핏줄, 한민족이란 말인가. 역사를 천 년만 거슬러올라가도 우리가 한 핏줄, 한민족이 아니라는 것은 금방 알 수 있는 것 아닌가. 무슨 얄량한 기득권이 그리도 크다고 싸늘한 철망을 쳐대는 것일까. '제삼제국'을 부르짖으면서 아리안족 피의 순결을 위해 수백만 유태인을 싸잡아 죽이고 아리안족의 피의 우월성을 증명한다고 전쟁을 일으켜 수천만의 인명 살상을 유도한 나치 독일을 그토록 증오하면서, 한쪽으로는 아직도 피의 순결과 민족의 한 핏줄만을 밤낮으로 외쳐대는 고국의 많은 문인들은 도대체 어느 시대를 사는 사람들이란 말인가.

서울에서 한 시간만 떠나 농촌에 가면 젊은 유부녀 셋 중 하나가 외국인이라고 한다. 그들이 낳은 아이들은 피가 순결하지 못한 것인가. 한 핏줄이 아니란 것인가. 아버지 나라라고 한국에 갔다가 엄청난 타민족 차별 대우에 질려 미국으로 도망친 베트남 혼혈 미스터 김은 우리 집 뜰 일을 도와주는 사십대의 착한 남자다. 부인은 베트남 여자지만 그의 아이들은 물론 모두 김씨이다. 미스터 김이 한국에서 경험했다는 멸시와 천대는 거짓말인지 사실인지 분간하기 어려울 정도로 듣기 민망스러운 것들이었다. 어릴 적 고국에서 엄청난 차별 대우를 받고 살다가 미국으로 도망치듯 떠난 피츠버그 스틸러스 팀의 영웅 하인스 워드도 마찬가지였을 것이다. 대체 그들이 무슨 죄를 지었다고 단지 피부색 때문에 그런 수모를 당해야 했을까.

한국 사람이 유별나게 핏줄을 찾고 가문을 내세우는 민족이기는 해도 일부러 남을 해하는 사람들은 아니지 않는가. 유독 민족이라는 명제 앞에서는 정신을 바로 차릴 수조차 없이 비이성적이란 말인가. 그렇게도 판단력이 마비되는 절체절명의 단어가 민족이라는 말인가. 설사 모든 국민이 이성을 잃는다 하더라도 문학계만은 인간의 기본적인 양심을 대변하면서 지구촌 한 가족으로 부끄러움 없이 사랑과 예의를 보여야 할 것이다. 사랑 없이 문학이 존재할 이유가 없다는 것은 만고의 진리가 아닌가. 핏줄이라는 명제에서 벗어나 모두를 아우르는 우리의 문학을 일구어나가야 할 때가 바로 지금이라고 나는 믿는다.

살길을 찾겠다고 고국을 떠난 자들, 어쩌다 엉거주춤 외국에 사는 자들, 쫓겨나듯 고국을 떠난 자들이 비록 다른 국적으로 힘겹게 살아가더라도 두 팔 벌려 안아주어야 한다. 자신이 '한국인'이라고 자랑스럽게 생각하는 백인이나 흑인이나 필리핀인이나 베트남인이나 우즈베키스탄의 피가 섞인 자도 보듬어야 한다. 그들의 문학작품, 그들의 정신세계를 이해하려 노력하고 그들에게도 자신을 설명할 수 있는 기회를 주어야 따뜻한 한국인이라고 불릴 수 있을 것이다. 이렇게 넓고 길게 보는 안목이 우리의 문학을 키우고 그런 문학의 성장이 결국에는 나라 정신의 외연을 넓히고 다양성을 확보하는 길이 될 것이다. 그리고 그때에서야말로 한국문학이 세계문학의 중심에 서는 큰 도약을 약속하게 될 것이다.

봄날의 초록 들판처럼

내가 살고 있는 미국 오하이오 주의 네번째 도시인 톨리도에서 운영하는 미술관과 더불어 자랑하고 싶은 것은 단연코 '톨리도 심포니 오케스트라'이다. 현재 구십여 명의 정기 멤버로 이루어진 이 심포니는 해마다 훌륭한 음악을 연주해 음반도 여러 장 출시했고, 세계적으로 유명한 연주자들이 이 심포니와 협연하고 있다. 일일이 열거할 수는 없지만 올해의 정규 연주회에서 독주자로 협연한 이들로는 한국의 자랑인 바이올리니스트 장영주(사라 장)와 독일인 앤 소피 무터, 피아니스트로는 이매뉴얼 액스, 앙드레 와츠 등이 있다. 시즌의 마지막을 장식한 데이비드 쉬프린과 협연한 니일슨의 클라리넷 협주곡은 새로운 스타일의 음악을 청중에게 선물함으로써 깊은 인상을 남기기도 했다. 톨리도 심포니는 연주회 때마다 오십여 쪽의 프로그램 팸플릿을 만들어 참석한 이들에게 나누어주는데 프로그램 앞에는 그날 연주할 곡목과 해설 그리고 독주자의 소개와 지휘자의 인사말 등이 있고, 뒤쪽엔 그해 심포니에 기부금을 낸 사람들의 명단이 액수별로 나뉘어 인쇄되어 있다.

일 년에 20회 정도의 정기 연주회와 구 개월 동안 주변 도시에서 30회 정도 순회 연주를 하는데 한 회 입장료가 만 원에서 5만 원 정도이며 연주회 티켓은 대개 시즌이 시작되기 전에 예매로 다 팔린다. 하지만 이런 연주회 티켓 가격으로는 심포니의 일 년 예산의 30% 정도밖에 채우지 못한다. 게다가 세금을 걷는 시 정부나 오하이오 주 정부에서는 지원금도 한푼 받지 못하고 단지 연방 정부에서 주는 쥐꼬리만한 국가예술지원금을 받는다. 그것도 전체 예산의 4% 정도다. 결국 7백만 불의 일 년 예산 중 4백만 불 정도가 이 근처에 살면서 심포니를 사랑하는 음악 애호가나 이 도시의 체면을 위해 심포니가 있어야 한다고 생각하는 개인 또는 회사의 기부금으로 모아진 것이다. 그 중에서도 매해 개인이 내는 돈은 큰 회사에서 내는 액수의 네 배 정도로 그들이 산 연주회 표 값까지 합하면 전체 예산의 거의 90%가 개인의 기부금으로 충당되고 있는 셈이다. 물론 여기에는 석좌 연주자 제도로 이십여 명의 연봉을 책임지고 있는 개인의 유산 상속 기부금도 포함된다. (미국에서는 생전에 자기가 감당할 정도의 기부금을 스스로 내는 것 말고도 수많은 사람들이 유고시에는 유산의 상당 부분을 자기가 평소에 좋아했던 사회, 복지, 예술단체에 기부함으로써 자신이 살았던 지방이나 나라 사랑의 표징으로 남긴다.)

　　교인들이 십일조를 내듯이 미국에서는 어지간히 교육을 받은 사람이면 월급의 고하를 막론하고 많은 세금을 떼고 난 실수입의 10% 정도는 자기가 좋아하고 의미가 있다고 생각하는 미술관, 박물관, 적십자사, 암협회, 교육방송국 또는 각종 예술단체 등 비영리 공공단체에 기부하는 것이 관례다.

　　얼마 전 캐나다의 토론토 심포니가 국가보조금이 끊기게 될 처지에 놓여 곧 간판을 내리고 와해될 것이리는 소문이 파다했다. 유럽의 몇몇 유명한 심포니도 해산 직전이라는 말을 들으면서 고전음악을 사랑한다는 것은 앨범만 사서 듣는 행위가 아니라는 것을 다시금 실감할 수가 있었다.

〰〰〰

　　이상의 글은 내가 한국의 한 일간신문의 연재를 위해서 쓴 것이다. 얼마 전 그 신문사와 12회에 걸쳐 일주일에 한 회씩 미국 문화에 대한 글을 마음 내키는 대로 쓰기로 했고, 위의 글은 아마도 5회쯤 게재될 예정이었다. 그런데 이 원고를 보내고 난 얼마 뒤 담당 기자에게서 연락이 왔다. 이 글 대신에 다른 글을 써주었으면 한다는 것이었다. 그 이유를 물으니 윗선에서 청하는 것이라며 확실치는 않지만 아마도 기부 문화에 대해 다른 의견을 가지고 있는 모양이라고 했다. 우리나라는 아직 개인의 기부 문화가 익숙하지 않고 문화예술 영역에

돈을 기부한다는 것은 너무 색다른 발상이어서 신문사의 기조에 비추어보면 쉽게 이해가 안 되는 것이라고 덧붙였다.

나는 그의 말에 실망하고 어처구니가 없었지만 달리 생각해보면 그럴수록 이런 글을 실어서 일간신문이 일선에서 직접 시민계몽을 할 수도 있지 않을까 생각했다. 그러다 나는 윗선이라는 속 좁은 분들에 대한 분노를 참을 수 없어, 당신들의 호불호에 따라 내 원고를 싣지 않을 수도 있다는 말은 사전에 해주지 않았을 뿐더러 마침 나도 많이 바쁘니 이 정도로 그만두자고 고집을 부려 연재를 중도 하차하고 말았다. 그러나 그후에도 내 가슴은 깨끗해지지 않아 보냈던 글을 버리지 못하고 가지고 있다가 여기에 다시 보이는 것이다.

나는 오랜 세월 고국을 떠나 살아서 고국의 속사정에 대해 모르는 것이 많다. 그런 이해 불가능한 것 중 하나가 잘사는 사람들의 행태, 일부 부자들의 인색하고 옹졸하고 편협한 마음이다. 자기의 재력과 풍요를 자신이 열심히 노력하고 재수가 좋아서 얻은 행운이라고만 생각하는 것이다. 그래서 그 요행수에 거드름을 피우기 일쑤고 자식들에게 대물림을 해주기 위해 온갖 편법 쓰기에 혈안이 되어 있다. 혹 자신의 성공이 남을 짓밟은 결과까지는 아닐지라도 자기가 사회에 빚지고 있다고 생각하는 이는 극히 적은 것 같다. 그것은 아마도 부자로서의 사회적 책임감이나 의무 같은 것에 대해 생각하는 습관이나 훈련이 되지 않았기 때문일 것이다.

부자라고 무조건 나쁜 사람은 아니다. 그러나 돈을 벌고 자꾸 벌어서 축재하고 그것을 자기 마음대로 쓰는 것이 내가 아는 상식적인 자본주의도 아니다. 내가 아는 자본주의는 번 돈을 소유하는 동시에 자신을 잘살게 해준 지역사회에도 확실하게 환원할 때 쓰는 말이다. 그렇지 않으면 부자들이 즐기는 천민자본주의는 자기가 사는 사회를 냄새나고 썩어가게 만들 것이다.

마약이 전국에 넘쳐흐르고 총기 사고로 사람들이 무더기로 죽고, 세계의 곳곳을 들쑤셔대면서 끊이지 않는 전쟁으로 날을 지새우는 미국. 게다가 정신없이 무턱대고 늘어나는 무료 복지정책에 돈이 없어 비틀거리는 미국이 아직도 세계 강국으로 버티고 있는 이유를 나는 사회에 널리 퍼진 기부 문화의 힘이라고 믿는다. 나는 경제학자가 아니라서 내 말이 완전히 옳다고 말할 자신은 없다. 그러나 확실히 미국이 우리나라와 다른 점은 수입에 비해 많은 금액을 기부하는 문화가 형성되어 있다는 것이다. 그것 하나만은 미국이란 나라가 아무리 싫다고 하더라도 확실히 인정해주어야 할 엄청나고 놀라운 장점이다.

부자뿐만 아니라 대부분의 양식 있는 국민들이 모두 스스로 자기의 몫이라고 생각하는 기부의 힘은 대단하다. 하루빨리 우리나라도 많은 부자들이 탐욕을 부끄러워하고 더불어 함께 사는 아름답고도 희망 넘치는 사회를 꿈꾸길 바란다. 그런 기운이 있다면 자연스럽고 자랑스럽게 봄날의 초록 들판처럼 기부 문화가 풍성하게 형성될 것이다.

5부。 아득하게 멀리서 오는 바람의 말을

해송 동화집

『해송 동화집』은 동화작가였던 아버지 마해송이 1934년 봄에 출간한 동화·동극 모음집이다. 사륙판에 200쪽이 조금 넘는 아담한 이 책자는 한국 최초의 창작동화인 「바위나리와 아기별」과 「어머님의 선물」 등이 수록된 이 나라의 첫번째 창작동화집이다. 전체는 열한 편의 작품이 실려 있는데 그중 여섯 편은 동화이고 다섯 편은 동극으로 각 작품의 끝에는 발표 연대가 적혀 있다. 이 작품들은 그 당시 어린이 운동 단체였던 '색동회'의 동인이었고 평생 친구였던 진장섭 선생이 1923년부터 발간된 여러 어린이 잡지에서 찾아낸 것들이었다.

 동화집에는 한 쪽짜리 큰 삽화가 열 개 이상 수록되어 있는데, 이 그림들은 이병현과 김정환이라는 화가가 그린 것으로 동극의 첫 장에는 극의 무대를 그렸다. 그리고 작품집의 뒤에는 '색동회'의 동인이고 아버지와 동향인 개성 사람으로 알려진 손진태, 고한승과 진장섭 선생 등이 축하의 글을 썼다. 내가 알고 있는 국내 유일본인 이 동화집에는 끝부분에 낙장이 몇 장 있다.

이『해송 동화집』이 발견된 것은 2009년 봄 국립중앙도서관에서였다. 그전까지만 해도 아버지의 유품으로 내가 수십 년 가지고 있던 원본을 이사를 하다가 잃어버린 후 이 책의 원본은 이제 더이상 어디에도 없는 것으로 간주되고 있었다. 그리고 2004년 가을, 한국아동문학인협회가 몇 년 동안 추진해온 마해송 아동문학비가 경기도 파주시 파주출판도시에 세워졌을 때 아동문학비평가이며 아동도서 수집가로 잘 알려진 고 이재철 선생이 축사 중 대전 근처에서 발견된, 심하게 파손된 영인본을 들어보이며 그것이 이제 세상에 남아 있는 유일한『해송 동화집』이라고 선언했다. 그때 그분이 만든 영인본 한 권을 선물로 받아든 나는 고마우면서도 큰 실망감을 감출 수가 없었다. 왜냐하면 그분이 주신 책자는 절반 이상이 낙장되거나 심하게 파손되어 한두 편의 동화도 처음부터 끝까지 제대로 읽을 수가 없었기 때문이었다.

그렇게 어영부영 지내다가 2009년 가을, 국립중앙도서관이 주관하는 문화 캠페인 중의 하나로 내 자작시 낭독회를 가지게 되었다. 이왕이면 조금 일찍 와서 인사라도 나누자는 도서관 주최자의 말대로 나는 한 시간 정도 일찍 도착했다. 그리고 그때 중앙도서관의 인문학 캠페인을 맡고 있던 이종주 선생을 만났다. 그 여유로운 시간에 나는 그분께 버릇처럼 그간의 사정을 말씀드리면서 우리나라 아동문학의 역사를 위해 오래전에 발간된 『해송 동화집』을 한번 찾아봐주십사 부탁드렸다. 이종주 선생은 한번 알아보겠노라 약속을 하셨고 우리는 훌륭한 카페처럼 생긴 도서관에 입장한 뒤 생각보다 많은 청중과 함께 재미있는 시 낭독회를 가질 수 있었다.

낭독을 마친 뒤 나는 다시 도서관 본관을 찾아가 강봉석 선생을 만나 인사드렸다. 그런데 그분이 다시는 못 보리라고 포기하고 있었던, 오래된 『해송 동화집』 원본을 내 코앞에 보이며 이것이 찾고 있는 책이냐고 물으시는 게 아닌가. 나는 기절할 듯 기뻐서 그 책을 받아들려고 했으나 그분은 '미안하지만 지금은 만질 수가 없다, 만지면 책이 마모될 가능성이 많다, 우선 책을 산성화시켜야 한다'고 차근차근 설명해주셨다.

혹자는 소파 방정환의 동화집 『사랑의 선물』이 최초의 창작동화집이라고 말하기도 한다. 그러나 내 선친이 직접 발행인이 되어 만든 소파의 그 동화집은 거의 모든 게 외국동화를 번안한 작품들이었다. 나도 초등학생 때 아버지가 소장하고 있던 그 동화집을 재미있게 읽은 기억이 난다. 그중 『플랜더스의 개』나 『알리바바와 사십 인의 도적』은 줄거리까지 생생하다.

나는 책을 찾아준 두 분께 감사하다는 인사를 드리고 내친김에 내가 더 찾고 싶었던 오래된 어린이 잡지에 대해서도 말씀드렸다. 그 잡지는 경기도 개성의 박홍근이란 분이 1923년에 창간한 어린이 월간잡지 『샛별』 시리즈였다. 이 잡지 역시 내 능력으로는 도저히 찾을 수 없었지만 우리의 불찰로 잃어버린 선친의 초기 동화들이 수록되어 있는 것이라 꼭 찾고 싶었다. 일주일 후, 약속대로 나는 도서관을 다시 찾았고 두 분은 내가 찾고 있던 어린이 잡지 『샛별』을 몇 권 찾아주셨다. 그러나 아쉽게도 그 몇 권은 1924년에 발간된 잡지들이었고 내가 찾던 창간호나 1923년 출간된 잡지는 아니었다.

이야기가 좀 옆으로 나가는 듯하지만 여기서 잠시 나와 선친과의 관계를 이야기하고 싶다. 나는 아버지를 세상에서 제일 존경하면서 살아왔다. 물론 아직까지도 그렇다. 그러니 기난하고 모두가 어려운 시절에도 선비나 문인의 가난은 부끄러운 게 아니라고 늘 말씀하시던 아버지의 결기가 때로는 무섭기도 했다. 무엇보다 나는 그렇게 살고 싶지 않아서였다. 그래서 나는 주위의 지인들이 문학이나 인문학 쪽으로 전공을 택할 것이라는 예상을 깨고 의과를 택했다.

아버지가 돌아가시고 가족들도 주거지를 옮기던 와중에 우리는 아버지의 오래된 작품과 유물들을 많이 잃어버리게 되었다. 동생이 아버지와 함께 살던 정릉동의 조그만 집을 갑자기 팔게 됐기 때문이었다. 오래된 책자를 기증할 곳도 마땅히 없던 그 당시, 어릴 적부터 아버지가 모아온 무수히 많던 장서를 동생은 고물상에 몽땅 휴짓값으로 팔아버렸다.

직계가족이 이런 형편이었으니 그 이후 돌아가신 아버지가 당한 가슴 아픈 수모를 어찌 전부 나열할 수 있으랴. 얼마 전 어느 대중 잡지에서는 잡지를 많이 팔기 위해 도를 넘는 수준으로 아버지를 모함하더니, 또 어느 유명하다는 시인은 『허영숙 평전』에 최남선과 이광수

와 더불어 마해송도 일제강점기 시절 한국 유학생들의 일본징병 권유를 위해 일본을 돌아다니며 강연을 했다는 헛소리를 쓰기도 했다. 그것을 늦게나마 알고 항의했으나 그 저자는 아니면 그뿐, 다음 쇄를 찍을 때 수정하겠다는 말만 흘리고는 그만이었다. 물론 이런 일들은 당시의 사정을 정확히 모르는 시인이나 작가들의 실수로 돌릴 수 있겠지만 최근에 있었던 학자라는 이들의 연구 발표는 아무리 참고 자료가 불충분하다 해도 나를 어처구니없게 만들었다.

그 예로는 2005년에 있었던 대산문화재단이 주최한 '탄생 100주년 문학인 기념 문학제'를 들 수 있겠다. 문학제의 시작은 유명하다는 한 문학 교수의 총론이었다. 내 선친에 대해서는 겨우 이 분 정도 할애하여 말하는데 그 전부가 사실과 달랐다. 한 가지도 정확한 것이 없는 모함투성이였다. 고국의 학술적 깊이가 이 정도밖에 안 되는 것인가. 질문도 받지 않아서 모임 직후 내가 정정해줄 것을 당부했지만 그 글들은 하나로 묶여 같은 해 12월에 민음사를 통해 『해방 전후, 우리 문학의 길 찾기』라는 제목으로 출간되었다. 그 책에서는 물론 아버지에 대한 잘못된 정보를 한 자도 고치지 않았다. 그후 이 이야기를 가까운 친구에게 하소연하니 법적 대응을 하라는 것이었다. 나도 함부로 거짓말을 해대는 어용학자들이 아마도 유족이 고국에 살지 않는다고 얕잡아 그러는 것이려니 생각되어 고소를 고려중에 있다.

이번 『해송 동화집』의 발견으로 몇몇 공부를 소홀히 하는 학자들이 주장하던 거짓 중의 일부는 설명을 따로 할 것도 없이 개정될 것이다. 앞으로도 우리나라 아동문학의 역사를 바로 세우는 것은 물론, 변천의 소용돌이 속에서 훼손된 역사의 진실을 밝히기 위해 세상에 숨겨진 옛 도서를 찾아내는 국립중앙도서관의 역할이 막중하다는 것을 다시금 느낀다.

사람의 자리

　의과대학에서 문학 강의를 선택과목으로 지정하여 대학생들이 의학과 의술만을 익히는 기술자가 아니라 문학을 비롯한 인문학도 함께 익히는 전인격적 의사로 육성하려고 하는 몇몇 의과대학의 의도는 시대의 요구에 부응하는 지혜라고 나는 믿는다.
　근대 과학의 중요한 발전은 17, 18세기부터 시작되었다. 영국의 위대한 과학자 뉴턴이 발견한 중력의 법칙 이후, 세상의 모든 이치가 과학 안에서만 해석되고 과학이 아닌 것은 사실이 아닌 것으로 간주될 정도로 과학은 절대적 위치에서 세상과 인간의 발전에 버팀목 역할을 해왔다.
　18세기 이후 서양 의학과 의술은 과학의 범주 안에 완전히 종속되었고 의사와 환자의 인간적인 관계는 그에 반비례하여 소원해졌다. 과학과 기계는 인간이라는 생물체의 병을 간단히 진단하고 거침없이 치료에도 가담하게 되었다.

내 개인의 경험담이기는 하지만 1960년대 중반에 미국의 한 병원에서 인턴 의사였던 나는 한국보다 한참 앞선 선진국의 의학과 의술 앞에서 놀라움을 금할 수가 없었다. 그것은 다른 말로 하면 미국 의학이 한 수 높은 과학에 얼마나 밀착되어 있는지를 확인하는 과정이었고 의사와 환자의 관계가 얼마나 부실한 것인지를 극명하게 보여주고 있기 때문이었다.

대부분의 의사는 환자를 만나 이야기를 나누면서 진찰하는 대신 그 시간을 효율적으로 이용하기 위해 과학적이고 객관적인 기계가 곧장 등장하여 며칠 동안 수많은 검사를 했다. 검사가 다 끝난 후 의사는 환자와 병에 대한 이야기를 나누는 대신 숱한 검사 결과를 과학적으로 분석하여 병을 진단했다. 이렇게 기계와 과학으로 무장한 의학은 최근에는 컴퓨터가 발전하면서 더 눈부신 검사가 가능해졌고, 반세기 전만 해도 겨우 60세였던 평균수명을 75세로 만들어놓았다. 그러나 그들의 삶의 질은 어떤가. 육체라는 기계만 연구하여 생명을 연장시켰을 뿐 정신 건강을 함께 돌보지 않아서 생긴 괴리 현상을 어떻게 해결할 것인가?

이렇듯 여러 가지 혼돈의 시점에 이르자 막강한 과학으로서의 의학과 의술은 스스로 불균형과 단점을 발견하기에 이르렀다. 검사 수치만 중요시했던 의학과 의술이었으나 이제는 의사와 환자의 관계,

주변 환경과 사회와의 유대 관계가 중요하다는 것을 깨닫게 되었다. 인간학으로서의 역할에 눈을 뜬 것이다. 그러나 이렇게 문학을 비롯한 인문학과의 연계가 환자의 진단과 치료에 큰 역할을 할 수 있다고 판단하게 된 것은 얼마 되지 않았다.

모든 의사에게 인문학적 관심이 필요하다고 생각한 미국 의과대학들은 의대생에게 문학과 인문학의 관심을 환기시키기 위해 새로운 시도를 계획했다. 특히 하버드, 존스 홉킨스, 시카고 대학 등이 앞장서서 『문학과 의학』 같은 잡지를 출간했고 의료 문학, 의료인에게 필요한 문학 등을 소재로 한 강연회를 활발히 열기 시작했다. 그후 많은 미국의 의과대학에서는 문학을 정식 커리큘럼에 넣기도 했다. 이렇게 의과대학 지망생 모두에게 문학이나 인문학에 관심을 가지도록 유도하고 있는 것이 바로 의과대학의 단계적이고 확실한 변화이다.

미국에서 의과대학에 입학하기 위해서는 우선 4년제 대학을 졸업하거나 그보다 더 많은 공부를 해야 한다. 의과대학 신입생을 대강 분류해보면 삼 분의 일 정도의 학생이 4년제 대학을 졸업하고 곧장 의과대학에 들어온 경우이고, 다른 삼 분의 일은 박사학위 소지자, 나머지 삼 분의 일은 대학 졸업 후 연구원이나 회사에 다닌 경력이 있거나 석사학위 소지자로 나눌 수가 있다.

매해 차이는 있지만 의과대학에 입학하려면 다른 전공에서는 볼 수 없는 심한 경쟁을 치러야 한다. 입학 전형엔 세 가지 기준이 있다. 첫째는 MCAT Medical College Admission Test 성적으로 대학 졸업자나 예정자가 치러야 하는 국가고시이고, 둘째는 4년제 대학의 학교 성적,

셋째는 의대 교수와 하는 인터뷰이다.

이중에서 제일 중요한 테스트인 MCAT라는 국가고시에서는 십 년 이십 년 전까지만 해도 과학 문제만 나오던 것이 이제는 영문 읽기나 독해, 또 작문까지 첨가되면서 의사가 갖추어야 할 덕목은 과학적 자질만이 아니라는 것을 보여주기 시작했다. 또 대학교 성적은 의과대학 입학 필수 과목인 영어, 생물, 물리, 화학, 수학의 성적과 기타 과목을 평균내고 좋은 대학과 그렇지 못한 대학의 차이를 고려하여 우열을 계산한다. 필수 과목을 뺀 나머지 과목들에 문과 계통이 많으면 과학 계통의 과목을 적당히 택한 학생보다 더 좋은 평점으로 가산되기 시작한 것도 최근의 일이다. 그래서 필수 과목의 성적이 비슷한 학생이면 의예과 4년을 졸업한 학생보다 문과대학 출신이 의과대학에 입학할 가능성이 더 높다.

셋째 관문인 인터뷰도 몇몇 교수와 만나면서 반나절은 족히 걸리는 과정이다. 사회봉사 활동이 미미하거나 비과학 분야의 공부를 별로 하지 않은 학생은 여기에서 결점을 안게 된다.

이러한 입학 전형의 변화는 오랫동안 지나치게 과학 쪽으로만 편중되었던 의학 교육의 방향이 옳지 못했다는 것을 인정하면서 자구책으로 시작된 것이다. 인문학에 대한 이해나 환자에 대한 경외심을 품은 전인격적 의사를 배출하기 위해 첫 단추부터 잘 꿰야 한다는 인식을 반영한 움직임인 것이다.

이제 우리나라의 의과대학에서도 천천히 인문학에 대한 관심을 보이기 시작했다. 2002년 처음으로 정규 과목에 〈문학과 의학〉이란 교과목이 등장했고 이런 열띤 관심은 전국으로 선명하게 퍼지기 시작했다.

이렇게 우리나라의 의과대학이 인문학에 관심을 기울이기 시작하면서 그 과정에 속도를 내고 싶어 뜻있는 의사와 문학인들이 힘을 모아 거의 십 년을 준비해 2010년 서울에서 '문학의학학회'를 창립했다.

선진국에서는 1970년대 후반부터 문학의학학회를 설립하고 학회지를 발간해왔다. 그와 함께 인간의 질병을 대하는 의사는 의학의 과학적 특성과 더불어 희로애락의 다양한 감정을 지닌 인간을 대상으로 한다는 점을 계속 상기시켜왔다. 특히나 최근에는 미래학자 앨빈 토플러나 대니얼 핑크가 '통섭consilience'이라는 새로운 개념을 설파하면서 좌뇌파적인 과학과 우뇌파적인 감성적 인간학을 두루 겸비해야 환자에게는 정확하고 이해심 많은 훌륭한 의사, 자신에게는 자유를 향유하는 행복한 의사가 될 수 있다는 믿음을 주었다.

시 쓰는 의사의 빛과 그늘

 의과대학 본과 2학년을 마치고 3학년을 기다리던 이 주간의 짧은 봄방학에 나는 갑자기 큰 결심이 필요하다고 느꼈다. '이제 나는 기로에 섰다. 3학년이 되면 내과학, 외과학, 안과학 등 진짜 의사의 길로 들어서는 공부를 시작한다. 그렇다면 내가 계속하고 싶은 문학은 집어치워야 할 때가 온 것인가, 꼭 그래야 하는 것인가.' 이상한 초조감이 나를 감쌌다.
 나는 본과 1학년 때 월간 문예지였던 『현대문학』을 통해 등단했고 그것을 축하해준다고 반 친구들을 비롯한 학생회가 근사한 모임까지 열어주었다. 그러나 이런 일을 소문으로 듣고 있던 주위의 여러 교수님들은 나를 아껴서 하는 말이라며 의대 공부는 장난이 아니고 의사의 길은 멀고 험한 것이니, 의사가 되든 문인이 되든 가능하면 둘 중 하나를 빨리 결정하는 것이 현명한 일이라고 충고해주셨다. 이제 정말 내가 결정을 해야 할 때가 온 것인가?

그런 위기의식에 휩싸여 나는 그 봄방학 동안 한 가지 조사를 하기로 결심했다. 그 조사는 의사 중에 혹 내가 아는 문인, 세계적으로 알려진 문인이 있을까, 있다면 어떤 사람들일까, 내가 의사가 된 뒤에도 그런 사람의 뒤를 밟아 좋은 시인의 길을 갈 수 있을까 하는 의문을 풀기 위해, 두꺼운 『세계문예인물사전』을 첫 장부터 찬찬히 뒤지기 시작한 것이었다. 이 사전을 훑어본 후에 마지막 결정을 내리기로 하자. 그렇게 해서 이 주 후 나는 계획했던 대로 그 사전을 처음부터 끝까지 다 보았고, 의사이면서 동시에 훌륭한 문인인 사람을 예상보다 많이 찾아낼 수 있었다. 그 결과를 바탕으로 〈의학 문학과 그 주변〉이라는 제목의 긴 글을 썼고 그것을 1961년 6월, 대학교 학생신문에 2회에 걸쳐 발표했다. 글은 큰 반응은 얻지 못했지만 이 방면에 대한 글로는 첫번째 시도였고 나 자신에게는 많은 공부가 되었다. 그리고 무엇보다 의사와 시인의 두 길을 가고 싶었던 나를 크게 안심시켰고 자신감까지 안겨주었다. 그렇다. 의사가 되어도 열심히만 하면 훌륭한 문인이 될 수도 있겠구나.

하지만 의사이면서 동시에 좋은 시인이 되는 것은 해가 갈수록 생각만큼 쉬운 일이 아님을 깨달았다. 학생 시절에는 연이은 시험으로 밤잠을 설치기 바빠 시를 생각할 시간도 없고 쓸 여유도 없었다. 내가 만약 의대를 졸업하고 서울의 어느 병원에서 수련의 과정을 마치고 의사가 되었다면 아마도 문인의 길을 포기했을 가능성이 컸다. 그것은 내가 남들에 비해 끈기가 있는 것도 아니고, 문학에 대한 열정이 목숨을 걸 정도로 큰 것도 아니고, 가지고 있는 재주도 별것이 아니고, 늘 공부를 해야 하는 바쁜 의사의 일상만으로도 힘에 부쳐서 시 쓰기에는 틀림없이 게을렀을 것이기 때문이다. 그러나 시를 쓰지 않고는 살기가 힘들다, 내가 살기 위해서, 괜찮은 의사가 되어 살아서 고국에 돌아가기 위해서는 시라는 내 유일한 위로를 잡을 수밖에 없다는 자각 앞에서 몸을 떨었던 것은 바로 낯설고 물선 이국땅, 견디기 힘든 많은 일과 정신적 외로움과 절망 속에서 살던 수련의 시절이었다.

내 첫번째 시집은 대학생 때 출간되었고, 두번째 시집은 군의관 시절에 출간되었다. 미국으로 건너간 후에는 고국에 있던 시인 친구, 황동규와 김영태의 배려로 삼 년째와 육 년째에 셋의 공동 시집이 상재되었다. 그리고 도미 후 만 십 년이 되던 해에 출간한 시집 『변경의 꽃』으로 나는 운 좋게 '한국문학작가상'을 받았다. 타국에서 의사로 바쁘게 살면서도 고국의 문학잡지나 신문에 작품을 계속 발표할 수 있었던 것은 무엇보다 고국에 있는 내 문청 시절의 좋은 친구들의 도움과 죽기 살기로 문학에 매달리겠다는 내 결심이 큰 역할을 했을 것이다. 나는 무슨 일이 있어도 일 년에 여덟 편의 시를 고국에 발표하겠다는 목표를 세웠고, 나는 그것을 내 평생 한 해도 거르지 않고 아직까지도 실천하고 있다.

일생 지속되어온 내 진정은, 내가 시를 써서 발표하지 않으면 고국과 연결되어 있는 탯줄 같은 끈이 끊어져 한순간에 우주의 미아가 될 것이라는 착각도 큰 역할을 했을 것이다. 그렇게 일 년에 여덟 편씩 모아진 시들을 묶어서 나는 오 년이나 육 년 터울로 시집을 출간했다. 특히 1980년, 시집『안 보이는 사랑의 나라』는 '문학과지성사'라는 새로 생긴 문학전문 출판사에서 출간했다. 처음으로 인세를 받고 출간한 이 시집은 이 출판사의 명성으로 인해 아직도 중쇄를 거듭하면서 오래전 20쇄를 넘겼다. 그후부터는 문청 시절 친구들이 시작한 이 출판사를 통해서만 신간 시집을 출간했고 언제나 섭섭지 않게 많이 팔렸다. 그리고 1990년대 후반부터는 미국에서 의사로 살고 있는, 문인으로는 분명 자랑하며 내세울 수 없는 내 이력이 조금씩 이해돼 국내의 문학상까지 심심치 않게 받게 되었다. 이렇게 출간된 내 시집은 등단 50년이 된 2010년에 열 권이 넘었고 은퇴 후에 여러 출판사의 청탁으로 출간한 수필집 몇 권, 번역 동화집, 종교 묵상 시집, 서간집, 내 시 해설 산문집 등이 있다. 거기다가 문학과지성사가 내 환갑 기념으로 만들어준 시 전집, 시 선집과 그간 다른 출판사에서 만든 재출간 시집, 공동 시집 등이 여러 권 된다.

나는 미국 의사의 자리에서 만 63세가 되던 해에 은퇴를 했다. 그 이유는 물론 너무 늦기 전 기운이 좀 남아 있을 때 내가 어릴 적부터 꿈꾸어온 문학인으로, 한국의 시인으로 살아보고 싶어서였다. 고국의 친구들로부터 내가 의사로 특별한 사연이 있어 조기은퇴를 하는 것이 아닌가 하는 걱정을 듣기도 했지만 말이다.

말이 나왔으니 하는 말이지만 나의 미국생활은 상상할 수 없을 정도의 대접을 받으면서 지낸 편하고 신나는 생활이었다. 어디서나 큰소리치며 외국인이라는 핸디캡을 전혀 느끼지 못했던 행운의 연속이었다. 참으로 하느님의 축복이었다고밖에는 다르게 설명할 길이 없다.

나는 외국 출신 의사들에게는 하늘의 별 따기처럼 어려운 크고 좋은 대학 병원에서 수련의 과정을 무사히 끝낼 수 있었다. 게다가 나와 경쟁자였던 백인 수련의들이 나보다 더 게을러서 교수들은 나를 더 아껴주었다. 전문의가 된 뒤에는 내가 존경하던 교수님이 자신이 과장으로 영전하는 다른 대학으로 같이 가자고 청해주어 그를 따라 다른 도시의 의과대학 교수로 쉽게 자리를 옮길 수 있었다. 또 나를 철석같이 믿고 감싸주었던 과장은 영어 실력도 부족하고 신참 조교수밖에 안 되는 내게 학생 강의를 거의 다 맡겨서 학생들과 즐겁게 자주 어울릴 수 있었다. 재미있고 자신만만한 날들을 보내던 조교수 사년차를 끝내는 해에 나는 졸업반 학생들이 뽑는 '올해 최고의 교수상'을 받았다. 그 지방의 일간지들은 외국 의대 출신이고 거기다가 겨우 조교수밖에 안 되는 인물이 굵직한 내과, 외과의 노교수들을 다 물리치고 최고의 교수 상을 받은 것은 기적적인 일이라고 떠들었다. 그것이 1975년, 내가 미국에 온 지 만 구 년이 되는 해였다. 그후로는 내가 어느 곳에서 무슨 내용의 강의를 하던 많은 의사 청중이 몰려들었다. 내가 참석하는 컨퍼런스에서는 내가 발표하는 소견을 언제나 중요하게 들어주었고 내가 주관하는 컨퍼런스는 그들로 인해 그 시간이 언제여도 항상 강당은 만원이었다.

얼마 후 나는 그 도시에서 제일 크고 평판이 좋은 의사 그룹으로부터 초청을 받아 개업 멤버가 되었다. 백인 의사 서른 명과 함께하는 이 그룹은 일주일에 나흘만 근무하면서도 많은 휴가를 받을 수 있었고 의대 교수의 월급보다 두 배 이상의 월급을 보장해주었다. 대학과는 컨퍼런스를 일주일에 한 번씩 계속하겠다는 약속을 했고 나는 그 약속을 내가 은퇴하는 그날까지 지켰다. 몇 년 후에 나는 그 그룹의 회장이 되어 도합 백 명이 넘는 의사, 간호사, 기사, 사무직원들을 몇 해 동안 이끌기도 했다. 그사이 연방학회의 펠로우fellow로도 추대되었고 한국인으로는 처음으로 소아방사선과 전문의가 되기도 했다. 그리고 1990년대 중반에는 새로 생긴 아동병원의 첫 지원부 부원장이 되고 과장일도 겸임했다.

나의 게으른 천성에 비하면 너무나 황송할 정도로 미국에서의 내 의사생활은 성공적이었다. 그리고 언젠가 그 이유를 혼자 곰곰이 생각해보니 그것은 아마 내가 그만큼 문학과 시를 좋아했기 때문이 아닐까 하는 결론에 도달하게 되었다. 내가 보아온 많은 의사들이 좋은 실력과 명석한 천성에도 불구하고 별다른 취미가 없거나 인문학에 대한 밑천이 부족해, 여유 시간이면 자신의 정서적 불안을 손쉬운 유혹의 길에서 찾는 것을 많이 보아왔다. 여자 문제에 빠지고 술과 약물 중독, 심지어 도박에까지 빠져 어디론가 사라져버린 의사를 나는 여럿 알고 있다. 아마도 그런 일은 외국이어서 더 많고 눈에 띄는지도 모르겠다. 그렇다고 내가 다른 사람들과 달리 그런 유혹에 빠지지 않았던 이유는 내 의지력이 강했기 때문만은 아닐 것이다. 나는 의지력이 누구보다 약한 편이다. 그러나 그런 유혹에 빠지기보다는 나는 책

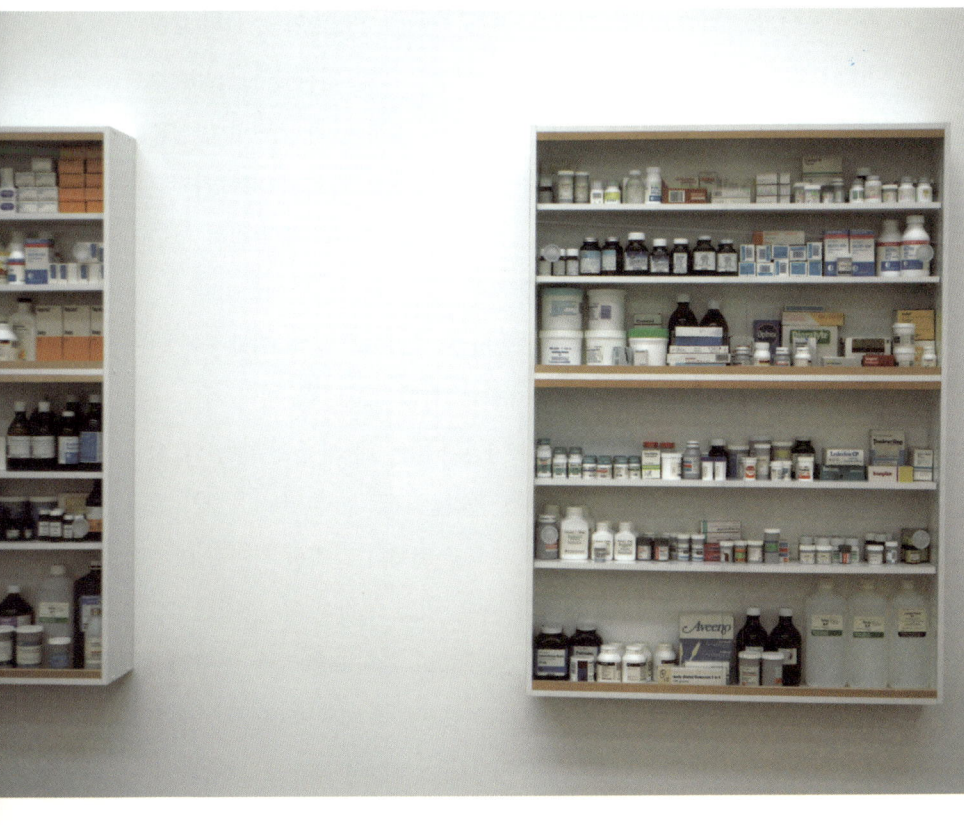

읽기나 글쓰기에 더 매력을 느끼고 미술관이나 음악회에 가는 것을 더 좋아했다. 그랬기에 그런 유혹의 기회를 미처 알아차리지 못했거나 큰 흥미를 못 느꼈을 가능성이 더 크다.

내가 은퇴를 한다고 하니 수많은 의사, 제자, 병원의 기사, 간호사들이 헤어지는 것이 아쉽다고 은퇴 축하 파티를 열어주었다. 그런 모임마다 많은 이들은 내가 이해심이 많고 인정이 많은 의사였다고 말해주었다. 그러나 이들이 나를 그렇게 보았다면 그것은 내 내면의 진심을 보았다기보다는 내가 문학이나 예술과 인문학에 평생 흥미를 가지고 있었던 교양을 보았을 가능성이 크다. 나는 누구보다 신경질이 많고 인내심이 부족한 사람이란 것을 내 자신이 잘 알고 있기 때문이다.

내 문학은 어떤가. 몇 년 전 내 등단 50주년을 기념해 귀국중에 만나던 훌륭한 후배 문인들 몇몇이 대학로의 한 소극장을 빌려 기념 낭독회를 주선해주었다. 젊은 시인과 평론가들은 내 시를 논하는 그 자리에서 내 시가 읽는 사람의 심금을 울리는 이유는 무엇보다 시가 겸손하고 다정하기 때문이라고 했다. 그리고 언제나 간절한 사연을 말해서 읽는 이를 감동시킨다고도 했다. 어떤 이는 거짓이 아닌, 진정성을 보이기 때문이라고도 했고, 언제나 따뜻하고 평화로운 것을 추구하기 때문이라고도 했다. 그러나 왜 이런 단어들이 내 시의 특성이라 할 수 있을까. 그것은 타고난 내 성격이라기보다는 평생을 의사로 살아온 것과 개연성이 있다고 생각된다. 내 시의 따뜻함이나 진정성이나 다정함이나 평화, 겸손 같은 것은 좋은 의사에게 가장 필요한 구비 조건이어서 나 역시 늘 갖추고 싶었던 것. 그런 희망사항이 나도 모르는 사이에 시를 통해 보여진 게 아닐까. 말하자면 나는 의사 수업을 하면서 남을 배려하는 것을 배웠고, 그 배려의 정신이 나도 모르게 내 시에 스며든 것이 아닐까. 어떻게 하면 훌륭한 의사가 되는지를 배우면서 결국은 어떻게 하면 따뜻한 시를 쓰는지를 배웠다고 할 수 있을 것이다.

내가 미국 의사의 자리에서 은퇴를 결정한 해에 고국의 후배 교수가 모교 본과의 〈문학과 의학〉이라는 교과목 강의를 나에게 제안했다. 나는 기쁘게 그 일을 수락했고 그후 오륙 년간 성의를 다했다. 그러나 이제 고백하건대 그 일을 수락한 데는 또다른 이유가 있었다. 그것은 인문학에 대한 소양이 없어서 한두 번 의사로서의 실수를 스스로 용납하지 못하고 꽉 막힌 골목에서 자살한 친구, 소통과 분출구를 찾지 못해 피로와 외로움과 실수의 부끄러움을 알코올로 달래려다가 그 중독으로 비참하게 일생을 마친 친구, 의사라는 직업이 주는 불안과 긴장과 무료함을 해결한다고 여자 문제로 집안을 절단 내고 외롭게 일생을 마감해야 했던 친구를 위해서였다. 그래서 언젠가 의사가 될 후배 학생들에게 인문학적 소양의 필요성과 그 활용, 무엇보다 그 엄청난 보상을 이해시키고 싶어서였다.

시를 쓰는 의사의 그늘은 무엇일까. 우선은 바쁜 시간, 바쁜 일상에 휩쓸려 자기 시간을 충분히 쓸 수 없다는 치명적인 문제가 있다. 미리 말하지만 내가 경험한 바로는 별로 큰 문제가 되지 않는다. 의사 공부를 하면서 글을 쓰고 또 글쓸 것을 생각하는 것은 상상하는 것보다 많은 시간을 요구하고 비생산적이기까지 해서 두려울 때가 있었다. 대학생 시절, 왜 하필 제일 바빴던 시험 때만 되면 영감이라는 묘한 것이 머릿속에서 튀어나오는 것일까. 막을 수 없이 튀어나오는 그 영감이란 것을 잡고 시간이 없어 안달하며 혼자 애태운 적이 얼마나 많았던가. 에라, 모르겠다, 속으로 겁내며 학교 성적에서 잠시 눈감고 글쓰기에 파묻혔던 그 당시의 안타까운 심경이 이제는 아름다웠던 젊은 용기로 기운차게 기억된다. 친구의 질투나 교수님들의 꾸중은 오히려 애교로 받아들일 수가 있다. 여유 시간에 혼자 돌아앉아 글쓸 것을 생각하는 것이 외롭고 궁상스럽기는 하다. 주위의 놀림도 조금은 각오해야 한다. 문인이 된 뒤에는 문학을 전공한 이들로부터의 차별 대우도 마음을 상하게 하는 수가 있다. 의학을 공부했으니 문학에 대해선 아는 것이 없다고 단정하는 고급스러운 횡포로 업신여김을 당한 적도 있다. 그러나 이런 것들은 다 언젠가 작품으로 대답하겠다고 결심하고 이겨내면 될 것이다. 오히려 그런 것을 도약의 이유로 삼을 수도 있을 것이다.

의사와 문인. 내게는 동전의 양면이었다. 때로는 분초를 아껴 허둥대며 살아왔지만 뒤돌아봐도 나는 한 점의 후회도 없다. 나는 내가 시인이었기에 외국에서 힘들다는 의사생활을 잘 이겨냈고 오히려 동료 의사들에게 존경받을 수 있었다. 내가 의사였기에 오랜 세월 한 해도 그치지 않고 모국어로 시를 써올 수 있었다고 믿는다. 낙오되고 잊혀진 시인이 아니고 이 나이까지 현역 시인으로 살고 있다는 것을 안다. 그리고 이렇게 이상하고 복잡한 내 삶은 생의 끝까지 틀림없이 이어질 것이고 그 어느 누구 앞에서도 부끄러워하지 않고 주눅들지 않은 채로 이 기구한 생生을 사랑하며 살아가리라고 약속할 수 있다.

오래된 봄의 뒷길

그때가 봄철이었다는 것도 몰랐다.
모든 꽃이 왜 그렇게 빛나게 밝았는지도
꽃을 보던 친구가 왜 갑자기 떠났는지도
그때는 아무것도 몰랐다.

그런 날이 있었다.
더 도도하고 더 맑고 더 반짝였던 시절,
나는 썩어가는 감방의 꿈속에서 시들었다.
억울하게 매 맞아본 사람만 아는 그 구석.

이제 곧 여름이 오고
나를 떠나게 했던 혁명도 잠들고
돌아오지 못한 이념의 불도 시들면
뜰의 장미, 백합, 비둘기와 햇살……
그 설레는 아침의 예언이
낮은음으로 우리를 감싸 안으리.

(중략)

은퇴한 나무의 아직 엉성한 잎사귀에
오래전에 버리고 간 봄의 간청이 잠 깬다.
내일은 길고 멀어서 확인할 수 없고
그래, 맞다, 너는 나를 빛나게 했다.
저기 장미, 백합, 비둘기와 저녁 햇살……

— 졸시, 「오래된 봄의 뒷길」

   이 시는 제목이 말하듯 봄철이 배경이다. 그리고 오래전 일이고, 겉으로 내놓고 떠들기보다는 지나가는 사람도 별로 없는 좁은 뒷길에서 하는 낮은 목소리의 이야기이다.
   이십대의 혹독한 현실을 잊기 위해 흥얼거린 노래가 있다. 그 노래는 내가 의대생 시절에 좋아했던 아름다운 로베르트 슈만의 연가곡 〈시인의 사랑Dichterliebe〉이었다. 어쩌면 시 쓰는 일을 타의에 의해 접

어야 할지도 모른다는 공포가 역할을 했었으리라. 이 곡에 가사로 붙여진 하인리히 하이네의 아름답고 슬픈 시는 그의 사랑처럼 무척 애절한데 〈눈이 부시게 아름다운 5월에〉, 〈내 눈물에서 피어나는〉에 이어서 세번째 노래의 제목이 이 시에 두 번이나 반복해서 나오는 〈장미와 백합과 비둘기와 햇살〉이다. 시를 망칠 수도 있는 이 유치찬란한 한 줄을 기어이 내 시에 넣은 이유는, 난데없는 어수룩함이 차고 날렵하고 똑똑한 세상에서 오히려 따뜻한 느낌을 전할 수도 있겠다는 내 고집 때문이었다.

의사가 되겠다며 투철한 자기 성찰도 없이 의대에 들어가 낙오자라는 소리는 안 듣겠다고 허우적대며 공부에 매달렸던 의대생 시절, 그나마 나를 지탱해준 것이 있었다면 틈틈이 시간을 내어 즐긴 책 읽기와 술 마시기와 음악 듣기였다.

그러나 사실 내 음악 듣기도 잡식성같이 중구난방이었다. 슈베르트의 〈겨울 나그네〉나 슈만의 〈시인의 사랑〉 같은 독일 연가곡들도 한때는 그 탁한 독일어까지 나긋나긋하게 들릴 정도로 많이 좋아했던 음악 레퍼토리 중 하나였다.

이제 세월이 많이 지나고 나이들어 주위를 살피니 내게 언제 그런 낭만적인 시간이 존재했나 싶게 황당하기도 하지만 엊그제 차를 타고 가다 우연히 듣게 된 연가곡 중 하나는 내 가슴을 많이 저리게 했다. 가슴으로 침입해 들어오는 이 감정이 과연 슬픔인지, 기쁨인지, 외로움인지, 충만감인지, 아니면 그냥 많이 늙었다는 증거인지, 나는 아직도 정확히 감별해낼 수가 없다.

내 시가 가는 길

1. 혼자

나는 적어도 문학의 염탐꾼은 아니었다. 내 문학을 누구의 무엇과 비교하지 않았고 눈치보지도 않았다. 지난 수십 년, 고국을 떠나 문학을 좋아하고 시를 사랑하며 살아왔지만 정작 내 문학을 위해 남의 충고나 조언을 들어볼 기회는 없었다. 내 마음에 드는 시를 쓰지 못해 혼자 안달하며 잠들지 못한 적도 많고, 아예 시를 읽고 쓸 시간이 없어 실망하고 기죽은 적도 많았다. 그렇다고 그 누구에게서 위로나 격려도 받아본 적은 없다.

늘 혼자였다. 주위에 시를 쓰는 사람도 없고 시를 좋아해서 같이 읽고 이야기할 이도 없이 살아온 긴 세월이었다. 그러나 태평양의 거

리만큼 간격을 둔, 철저히 격리된 나의 지리적 조건은 오히려 내 시의 자생을 위한 자양분이 되어주었다. 보아주는 이 없이 척박한 땅에 혼자 서 있는 선인장도 아주 드물게 몇 송이의 예쁜 꽃을 피운다. 그 꽃은 아름답고 질기다. 질길 수밖에 없다.

2. 초월

그래서 나는 문학 앞에서 거리낌 없이 진심만을 내보일 수 있었다. 비록 어눌하고 재치가 보이지 않아도 눈치보지 않고 부끄러움 없이 내 길을 갈 수 있었다. 그리고 나는 그 길이 되도록 편안하고 유순하고 조용해서 나 아닌 누구에겐가 작은 위로가 되기를 바랐다.

한때를 풍미한 복잡하고 뛰어난 문학사조 아래 미화된 인간의 욕망은 내 어깨에 필요 이상으로 역겨운 무게감을 주었다. 그런 것의 과잉 충족에 대한 반사작용으로 권태와 피곤과 결핍과 조건반사적 행위만이 창조적 비평의 주조라고 말하는 고국의 일부 시단 분위기가, 사실은 늙고 숨이 끊어져가는 서구의 시문학을 물색없이 껴안고 있다고 자주 느꼈다.

다른 한편으로는 동양의 노장사상老莊思想의 자의적 해석이나 선불교, 밀교나 다른 종교의 경전을 선택적으로 취하여 표피적 해석을 내세우며 도사연하는 시, 정체불명의 샤머니즘이나 신비주의를 앞세운 시 또한 내게는 너무나 낯설고, 언뜻 기만당하고 있는 느낌도 들어 딱하고 서글펐다. 한恨과 서러움의 미학에만 연연하는 사변적 묘사나 원한과 절망에서 오는 비극적인 허무감에 안주하는 교묘한 한숨 소리도 시의 핵심에 다가가지 못했다.

　시적 상상력은 초월의 소산이고, 그 초월은 또다른 영성 초월을 꿈꾼다는 어느 평자의 정확하고 거시적인 문학 담론. 이런 분위기에서 비로소 언어의 진솔한 마력이 발휘될 수 있다는 극복 정신에 나는 적극적으로 찬성한다.

3. 향수

　고국을 떠난 지 이십여 년이 지나고 나서야 내 시가 나도 모르게 고향 그리기에 집착하고 있다는 것을 알았다. 그 버릇을 고치기 위해 내가 할 수 있는 일은 고국과 고향땅이 아니라 내 자신 속을 파고들어가야 한다고 생각했다. 그래서 나는 다시 내 속에서 고국과 고향을 다른 색깔로 보기 시작했다. 그것을 통해 나 자신이 지향하는 것에 초점을 맞추려고 했다. 어차피 모든 이의 고향은 같은 곳이 아니겠는가.

　내 시의 고향과 고국이 어떻게 변하든 간에 받아들이는 것은 독자의 몫이 될 것이다. 한 편의 시에서 누군가 눈에 보이지 않는 내 속내를 꺼내어 읽어줄 수 있다는 것은 나와 독자의 통정이고 인간만이 가질 수 있는 신비한 관계라고 믿는다.

　나는 내 시가 자유롭게 세상을 날아다녔으면 한다. 그리고 그 비상이 마침내 목표를 알아보고 그 내막을 터득하는 방향으로 가기를 바란다. 누가 놀리고 비웃는다고 해도 나는 당황하지 않을 것이다. 남의 비판을 별로 받아보지 못하고 살아온 내 시가 그런 공격을 잘 알아차리지 못하고 무감각하리라고 믿기 때문이다.

멋과 흥과 빛

중고등학생 때는 선생님뻘 되는 한국 시인들의 시를 읽는 것을 좋아했다. 그들의 시를 흉내내서 써보겠다는 생각은 없었으나 좋아서 읽고 또 읽다보니 어느 틈에 그 시를 외워버리기도 했다. 일일이 헤아려보지는 않았지만 그렇게 외우고 다닌 시가 아마도 오십여 편은 족히 되었을 것이다. 그 탓에 아직까지도 어렴풋이 외울 수 있는 시들이 제법 된다.

그렇게 내가 아직 환하게 외우고 있는 시 중 김영랑의 「오—메 단풍 들것네」와 서정주의 「푸르른 날」은 사투리와 감탄사의 아름답고 능청스러운 발음 때문에 이 나이에도 그 시들을 낭송하면 가슴이 확 터지게 즐겁다.

영랑이 「찬란한 슬픔」이란 제목 안에 쓴 제18번의 시가 「오-메 단풍 들것네」인데 이 시의 2연은 이렇다.

추석이 내일 모레 기둘리니
바람이 자지어서 걱정이리
누이의 마음아 나를 보아라
'오-메 단풍 들것네'

전체가 8행인 이 짧은 시에 '오-메 단풍 들것네'는 세 번이나 나온다. 그런데 나는 이 감탄사인 듯한 '오-메'라는 단어가 그렇게 좋다. 가까운 한 시인에게 물어보니 한글대사전에는 '오메'라는 단어는 없고 '오매'가 있는데 경상도 방언으로 어머니라는 뜻이라고 했다. 우리가 알다시피 영랑은 전남 강진이 고향이고 이 시도 물론 그곳의 이야기인데 어째서 경상도인가 물으니 사전 편찬인들이 방언에까지 신중하게 관심을 두지 않은 탓이고 시인은 그런 것에 관계치 않고 철자법도 넘나들 수 있는 자유가 있다고 말해주었다. '오매'든 '오메'든 방언이기 때문에 발음의 경계가 모호한 것도 문제라고 설명했다. 나는 시인의 설명을 반박할 실력이 없어 그냥 받아들일 수밖에 없었다. 그저 이 시에 나오는 '오-메'는 전라도 방언이 확실하니까 그렇다면 경상도 방언으로는 '오매-'가 되겠구나 하는 생각이 들었다. 첫 자를 길게 그리고 강하게 발음하면 전라도 방언이 되고 둘째 자를 길고 강하게 발음하면 경상도 방언일 것 같았다. 물론 내가 발음해보면서 느낀 것이니 신

빙성 없는 헛소리일 수도 있다. 그런데 또 누군가는 무언가에 놀라거나 감동을 받았을 때 무의식적으로 튀어나오는 말이며 전라도 방언이 확실하다고 못박기도 했다. 이렇게 각도나 분위기에 따라, 또 글쓴이나 읽는 이에 따라 다르게 읽힐 수 있다는 것은 그만큼 우리 말이 풍부하다는 사실을 증명하고 있는 게 아닐까.

그런데 또 이 하이픈hyphen을 쓴다는 것은 한글의 표준맞춤법에 없는 것인데 어떻게 이해해야 좋을지 물었다. 대답은 역시 신중하고 모호한 편이었다. 시대에 따라 표현과 발음의 원칙이 많이 달라지고 있고 사전이 문학에 따라오는 수도 있는 것이니 그냥 길게 늘여 읽어달라는 요청으로 눈감고 받아들이는 것이 상책이라는 것이었다. 그래 그렇구나, 어쩌면 어떠냐. 내가 좋아하는 시, 내가 즐기면 되는 거지. 다시 한번 눈감고 목소리 높여 전라도 감탄사로 외워본다. 오오오오오메, 단풍 들것네!

영랑의 시와 같이 내가 매우 좋아하는 시 중에는 미당 서정주의 「푸르른 날」도 있다. 이 시 역시 전체가 10행인 짧은 시인데 그중 앞의 여섯 행을 읽어본다.

눈이 부시게 푸르른 날은
그리운 사람을 그리워하자

저기 저기 저 가을 꽃 자리
초록이 지쳐 단풍 드는데

눈이 내리면 어이하리야
봄이 또 오면 어이하리야

이 시에서 내가 제일 좋아하는 부분은 '저기 저기 저'이다. 특별한 뜻은 없다. 그냥 방향을 알리는 막연한 신호다. 아마도 손가락을 들어 단풍을 가리키는 것이겠지. 아냐, 손을 든 게 아니네. 그냥 턱을 들고 아무데나 가리키는 것이네. 그런데 턱을 들든 손을 들든 이 부분을 읽을 때는 질대로 전라도시으로 발음해야 한다. 지시대명사든 관형어든 문장성분상 독립어든 교과서 읽듯 바쁘게 '저기 저기 저'라고 하는 게 아니다. '쩌기'든지 심지어 '쩌그'라는 발음도 좋겠다. 천천히 강약을 확실히 주어서 발음해야 한다. 시인이 자기 시를 어떻게 읽어야 하는지까지 말없이 지시하고 있는 미당을 어찌 일류 시인이라 칭하지 않을 수 있으랴. 이것이 바로 시를 읽는 재미이고 흥이고 멋이고 풍류고 시의 찬란한 빛이 아니겠는가. 어머니 쪽으로나 아버지 쪽은 물론 나 자신도 전라도에서 살아본 적은 없지만 내가 배운 전라도 발음으로 이런 좋은 시를 평생 즐길 수 있다는 게 얼마나 복 받은 인간인가.

눈먼 자의 시선으로

　길고 긴 미국 의사 노릇에서 은퇴를 하고 난 얼마 후, 그전까지는 해보지 못했던 것들을 하며 마음 푹 놓고 늦게까지 재미있는 책도 읽고 늦잠도 즐기며 지내던 때였다. 그날도 무슨 책을 열심히 읽다가 늦게 자리에 들었는데 새벽 두시경에 나는 왼쪽 눈이 너무 아파서 잠에서 깼다. 속으로 이게 무슨 일인가 하며 눈을 감싸쥐고 진정되기를 기다리는데 통증이 눈뿐 아니라 그 주위까지 번져가서 할 수 없이 자리를 털고 일어나 화장실로 향했다. 도대체 눈이 어떻게 되었기에 이렇게도 아픈 것인가.
　화장실에서 눈을 떠보니 보기에는 그런대로 괜찮은 듯했지만 시야가 좀 흐렸다. 우선 한 손으로 아픈 쪽의 눈을 가리고 오른쪽 눈으로

보는 것까지는 괜찮았는데 오른쪽 눈을 덮고 아픈 쪽 눈으로만 앞을 보려니 아무것도 보이지 않았다. 암담한 어둠 속 어느 먼 곳에서 희미한 불빛만 작게 보일 뿐이었다. 한밤에 바다를 보았을 때 철썩거리는 파도 소리만 들리고 아무것도 보이지 않던 바로 그 어두움이 거기에 있었다.

순간, 내 의사생활 사십 년의 직감으로 아, 내가 한쪽 눈의 시력을 잃는구나, 시신경은 뇌 안에서 양쪽이 연결되어 있어 한쪽 눈이 외상이나 특별한 병으로 죽으면 다른 쪽 시신경도 언젠가 영향을 받아 완전히 실명을 하게 되는 경우가 많던데……. 그런 생각을 하며 혼자서 양쪽의 눈을 다시 테스트해보아도 정확히 결과는 마찬가지였다. 왼쪽 눈으로는 도저히 아무것도 볼 수가 없었다. 실명을 할지도 모른다는, 황당하게 다가왔던 사실이 차츰 현실로 받아들여지고 가슴에 와닿았다.

그래도 얼마나 감사할 일이냐, 젊은 나이에 이런 변을 당하지 않았으니, 타국에서 의사생활을 접어 가족을 힘들게 하지 않아도 되지 않았느냐 말이다. 이제 자식들에 대한 책임에서도 다 벗어났고 한국의 시인으로 살기만 하면 되지 않겠는가. 한국의 시인으로 살기에는 꼭 두 눈이 다 필요한 것은 아니지. 한 눈이라도 살아 있으면 좀 편할지는 모르지만 어쩌면 아예 아무것도 안 보이는 것이 시인으로는 더 나을지도 모른다. 평생 보이는 것만 보면서 그것을 요리조리 분칠해가며 우물 안 개구리 같은 시나 쓰고, 과학이라는 잣대로만 세상의 모든 이치를 재단해온 속이 좁아터진 내게, 이제는 하느님이 안 보이는 것을 보기 시작하라고 나를 장님의 길로 가게 하시는구나. 눈이 필요했던 의사생활을 접었으니 이제는 눈에 보이지 않는 것을 볼 수 있는 좋은 시인이 되게 해주려고 시력을 걷어가시는구나. 그렇구나, 나는 이제 좀 있으면 눈먼 자의 시선으로 시의 정수를 볼 수 있겠구나.

그런 말을 구시렁거리며 화장실에서 나온 나는 여전히 많이 아픈 왼쪽 눈을 위해 진통제를 두 알 찾아먹고 자리에 누웠다. 그리고 마음속으로 정말 따뜻한 시인, 많은 이를 위로하고 나 스스로도 위로받는 시를 쓸 수 있는 시인이 되게 해주십사고 기도했다. '나는 곧 햇살과 청초한 달빛도 보지 못하고 세상의 모든 아름다운 풍경들, 모든 따뜻한 생명과 자연의 모습들, 모든 사랑스러운 사람의 미소를, 많은 감동스러운 책이나 그림을 보지 못하게 됩니다. 내가 희생하는 만큼 꼭 좋은 글을 쓸 수 있게 해주십시오.' 나는 곧 편안한 기분으로 깊은 새벽잠을 자고 일어날 수 있었다. 기분 좋은 숙면이었다.

잠에서 깨어나면서 나는 우선 왼쪽 눈이 더이상 아프지 않은 것을 확인했다. 지난밤 진통제 먹기를 잘했지. 그리고 다시 화장실에 가서 두 눈을 한쪽씩 검사해보았다. 그런데 이게 웬일인가. 두 눈이 멀쩡하게 잘 보이는 게 아닌가. 간밤의 일을 잊은 듯 깜깜절벽이던 왼쪽 눈이 너무나 멀쩡하게 잘 보여서 어이가 없을 지경이었다. 물론 내가 오래 전공한 영상의학과나 소아과와는 가장 관계가 먼 안과의 증세이긴 했지만 그래도 실력 있는 의사라고 누구 앞에서나 목에 힘을 주던 난데 도대체 무슨 일이란 말인가.

결국 나는 그날 저녁 다른 도시에서 안과 교수로 재직하고 있는 큰아들에게 전화를 했다. 아들은 황당한 내 경험담을 귀담아듣더니 당장 자기가 있는 병원에서 레이저 수술을 받아야 하니 곧바로 비행기를 타고 오라며 너무 늦으면 시력을 잃게 된다고 엄포를 놓았다. 그 다음 날로 나는 비행기를 탔고 아들은 나의 안압을 재고 몇 가지 눈 검사를 하더니 이게 동양인에게 특히 많이 생기는 녹내장의 한 종류라고 했다. 그리고 나는 곧 아들의 손을 빌려 따끔따끔거리는 레이저 수술을 받았다.

 물론 나는 아들에게서 한동안 복용해야 할 약도 받았고 그 병에 대한 증상과 병력을 더 상세하게 들었다. 다른 쪽 눈에도 같은 병이 생길지 모르니 특히 한밤에 어두운 조명 아래에서 책 읽는 일을 절대 삼가라는 말도 들었다. 그러나 그날 밤, 왼쪽 눈의 시야가 완전히 소멸되었던 그 밤에 내가 간절히 바랐던, 눈먼 자의 시선으로 세상을 더 깊이 보며 좋은 시를 쓰겠다고 남다른 각오를 단단히 했던 한 시인의 모습은 아직도 내 기억 속에 시퍼렇게 살아서 나를 자주 당황하게 만든다.

새로움을 가슴에 새기는 법

1. 캐나다의 셰익스피어

내 아이들이 어릴 때 세상살이에 필요한 것은 돈이나 공부만이 아니고 여러 분야의 예술을 이해하고 어떻게 감상하는가를 배우도록 하는 게 중요하다고 생각되어, 가끔 아이들이 좋아하지도 않는 음악회에 억지로 데려가기도 했고 악기도 배우게 했다. 그러던 어느 해, 초등학생과 중학생이었던 아이들을 위한 예술 감상의 한 과제라 생각하고 스트랫퍼드라는 캐나다의 작은 도시에서 해마다 열리는 유명한 셰익스피어 연극 축제에 가기로 했다.

비싼 연극표도 예매하고 며칠간 지낼 호텔도 예약한 뒤, 우리는 자동차로 캐나다 국경을 넘어 일곱 시간 정도 운전해서 아름다운 스트랫퍼드에 들어섰다. 토론토에서는 차로 두 시간 정도밖에 안 걸리는 이 아름다운 도시엔 청청한 가로수가 즐비했다. 그 나무 그늘에 덮힌 좁은 길가에는 오밀조밀한 작은 가게들이 늘어서 있어 꿈속인 양 어디를 봐도 섬세하고 화사했다. 우리는 도착한 날 저녁부터 도시의 지도를 보며 여기저기 흩어져 있는 극장을 찾았다. 그리고 유명한 셰익스피어의 연극들을 관람했다. 그중에는 아이들이 좋아할 만하고 유명한〈햄릿〉과〈오델로〉와〈리어왕〉도 있었다. 그리고 하루는 분위기를 좀 바꿔서 낮 공연인 안톤 체호프의〈세 자매〉라는 연극도 보았다.

그러나 내 예상과는 달리 연극 감상은 첫날부터 실망의 연속이었다. 왜냐하면 아이들이 어느 연극이든 1막이 끝나기도 전에 꾸벅꾸벅 졸았고, 2막 때는 아예 코를 골 정도로 정신을 못 차렸기 때문이다. 우리는 주위 사람들의 눈치를 보느라 노심초사해서 연극은 보는 둥 마는 둥, 한쪽으로 쓰러지는 아이들을 흔들어 깨우느라 연극에 집중할 수가 없었다. 예매로 사둔 표들이라서 둘째 날부터는 울며 겨자 먹기로 공연을 보러 갔지만, 아이들과 함께 셰익스피어의 연극을 보겠다는 내 야무진 꿈은 더이상 이룰 수 없는 다른 나라의 이야기라는 것을 인정하지 않을 수 없었다. 아이들은 그 며칠 동안 작고 예쁜 식당에서 나오는 캐나다식 음식에만 흥미를 보였을 뿐이었다. 그렇게 사흘간의 휴가를 마치고 집으로 돌아오는 길에 나는 아이들에게 내 불편한 심기를 토해내고 말았다.

"비싼 표를 사고 며칠씩 휴가를 내어 너희들과 함께 연극을 즐기

려던 내 꿈이 사라졌다. 실망이다. 그렇게 재미가 없었느냐, 학교에서는 공연장에서의 예의도 안 가르치고 셰익스피어의 연극도 안 가르치느냐?" 내 말을 조용히 듣고 있던 아이들 중 초등학생이었던 막내가 대뜸 말대답을 했다.

"아빠, 아빠가 우리에게 연극 관람시켜주려고 함께 멀리까지 휴가 온 것은 고마워. 하지만 그런 연극들은 하나같이 정말 지겨웠어. 아빠를 위해 악착같이 잠들지 않으려고 했지만 어쩔 수가 없었어. 〈햄릿〉에서도 무대에는 배우 나섯 명이 분장을 하고 나오는데 한 사람이 말을 시작하면 그렇게 한참을 선 채로 장광설을 늘어놓잖아. 그동안에 다른 배우들은 한 사람 이야기가 끝날 때까지 기다렸다가 그 사람 말이 끝나면 다음 배우가 또 장광설을 내뱉기 시작해 혼자 떠드는 식이고. 아무런 액션도 없고 아무런 무대 변화도 없어. 도대체 연극 자체가 얼마나 느린지 참기가 힘들었어. 그런 식이라면 아예 책을 읽지. 말은 왜 또 그렇게도 길고 느려터졌어. 물론 그런 말 속에 좋은 뜻이 있겠지. 그렇지만 너무 지루해서 졸지 않을 수가 없었어."

다른 아이들에게 물어보니 그들도 똑같은 말을 했다. 심지어 큰아이는 한마디 덧붙여 '참 구식이야' 하는 게 아닌가. 아, 구식……. 우주선을 타고 싸우는 〈스타워즈〉 영화를 보면서 자라는 아이들에게는 이런 연극이 구식이고 느리고 지루할 수밖에 없겠구나 싶었다. 이 년 후에도 우리는 다시 아름다운 그 도시를 방문했다. 아이들이 좀더 자랐으니 연극에 대한 반응이 혹 다르지 않을까 했지만 그것은 완전한 오산, 혹시나 했던 기대가 역시나 하는 실망감으로 바뀌었다.

아, 이게 세대 차이고 그래서 어쩔 수 없이 함께 표출되는 감성의 차이겠구나. 물론 그후로는 그곳에 다시는 가지 않았고 아이들과 함께 셰익스피어는 물론 다른 고전의 근처에도 절대 얼씬거리지 않았다.

2. 여행산문집과 음악

그후 수십 년이 지났다. 아이들은 잘 자라서 다시는 셰익스피어의 연극을 함께 보러 가지 못할 만큼 컸고 저마다 결혼을 해서 집을 떠났다. 그리고 나는 몇 해 전 가깝게 알고 지내던 젊고 뛰어난 한국의 한 시인으로부터 그가 쓴 여행산문집을 선물받았다. 나는 그 책을 읽으면서 문득 수십 년 전 아이들과 함께 갔던 연극 관람이 생각났고 무엇인가 내 머리를 때리는 듯한 느낌을 받았다. 글쎄, 그걸 뭐라고 표현해야 할지 모르겠다. 아, 이게 다시 세대 차이인가, 감성의 차이인가. 내게는 그저 황당한 여행기로만 느껴지는데 그게 아닌 모양이지? 책은 확실히 여행에 관한 타지에서의 느낌들로 채워져 있었다. 책 속에는 그가 찍은 여행지의 사진도 많이 들어 있고 세계 도처의 나라나 도시나 장소의 이름이 그나마 가끔 나오는 것을 보면 여행산문집이 아닐 수 없는데⋯⋯. 정작 글을 읽다보면 골목길에서 만난 평범한 주부의 인상, 길거리에 잠들어 있는 고양이의 모습, 늙은 이발사, 지하철역 풍경, 심지어는 지나던 골목길에 서 있는 고물 자전거에 대한 상상들로 그 여행기는 시작하고 또 끝나고 있었다. 거기다가 그런 풍경이 어느 나라 어느 도시라고 명시되어 있지도 않는 게 많아 언뜻 그런 것이 뭐 그렇게 중요하냐고 내게 말해주는 것도 같았다.

그렇게 글을 읽기 시작한 처음에는 내게 생소하게 받아들여졌던 것들이 아, 이런 것도 여행기가 될 수 있겠구나 싶었다. 시인이 쓰는 산문이니 여행지에 대한 구구절절한 설명이 없는 것이 오히려 신선한 인상을 줄 수도 있지 않을까. 그런데 이런 책을 과연 누가 사 보기나 할까 하는 걱정이 튀어나왔다. 그러나 이런 내 걱정이 바로 세대 차였고 감성의 차이였다. 내 걱정이나 예상과는 다르게 이 책은 한국에서 출간된 책 중에서 꽤 많이 팔린 축에 속했고, 큰 책방의 판매 순위에서도 수 년 동안 상위 자리를 놓치지 않았다. 그래서 이 요상한 책은 70쇄를 넘어 수십만 권이 팔려나갔다. 나를 크게 가르쳐준 그 여행산문집은 이병률 시인의 『끌림』이다. 그는 최근에 그 비슷한 여행산문집 『바람이 분다 당신이 좋다』를 또 출간했다. 그 책 역시 엄청나게 팔리는 중이라고 한다.

최근에 음악에서도 비슷한 경험을 했다. 음악인의 이름은 조윤석, 박사이자 유명한 싱어송라이터인 루시드 폴과 있었던 이야기다. 이 음악인은 내 아이들보다 나이가 몇 살 아래인데 서울대 공대를 졸업한 뒤 최근 유럽에서 생명공학을 공부하고 세계적 관심을 불러일으킨 훌륭한 논문을 발표하며 스위스에서 박사학위를 받았다. 마침 서울의 어느 출판사가 유럽에 오래 살고 있는 음악인 겸 공학도인 그와 미국서 오래 살고 있는 의사 겸 시인인 내가 어딘가 공통점이 있다고 생각하고 서로 이메일을 주고받도록 주선했다. 그리고 그것을 모아 책으로 출간했는데, 그 책은 루시드 폴의 유명세로 아직까지도 많이 팔리고 있다.

그렇게 그와 나의 이메일이 일 년 반 이상 대서양을 건너다니는 동안 그는 내 시를 여러 번 인용도 하고 좋아해주었다. 나도 그의 음악에 대해 편지 써야겠다고 생각하고 그의 음악을 들어보았는데 아뿔싸, 몇 번을 되풀이해 들어도 나는 그의 음악을 좀처럼 이해할 수가 없었다. 아니, 즐길 수가 없었다. 수많은 마니아 팬들을 열광시키는 그 느낌이 내게는 오지 않았다.

어릴 때부터 시간만 있으면 고전음악을 즐겨 들었고 수천 장의 CD도 그런 중에 모았고, 나이들어서는 고국을 그리며 트로트도 즐기고, 가슴 울리는 전통국악까지도 나는 좋아한다. 매해 고국에 가면 국악 공연도 몇 번씩 가고 또 미국에서 수십 년 살면서 남들이 아는 만큼의 재즈나 컨트리 웨스턴, 딕시나 블루스 등을 들으며 누구보다 넓게 많이 안다고 자부하고 살았는데, 바로 이 친구의 음악을 꼭 잡아 느낄 수가 없다는 게 도저히 이해되지 않았다.

그렇게 고민하던 중 나는 마침 추수감사절이라고 우리에게 몰려와준 아이들을 불러모아 앉힌 다음 루시드 폴의 음악을 들려주었다. 그런데 너무나 놀라운 일이 일어났다. 아이들은 한국어 가사를 잘 알아듣지도 못하면서 노래 한두 곡을 조용히 듣더니 아주 좋은 음악이라고, 자주 듣고 싶은 음악이라고 이구동성으로 말하는 게 아닌가. 거기다가 한술 더 떠서 아빠도 이런 음악을 좋아하는 게 자랑스럽다, 미국의 어느 가수도 이런 식으로 노래를 한다며 흥분했다. 나는 너무 놀랍기도 하고 반갑기도 해서 고맙다는 말만 겨우 하고 서둘러 자리를 파했다. 바로 그때도 나에게 충격적으로 다가온 것은 세대의 차였고 그에 따른 감성의 차이였다. 그것 말고는 달리 설명할 방법이 없었다.

　그 충격 이후로 나는 그의 음악을 다른 방법으로 열심히 들어 차츰 좋아하게 되었고 즐기기까지 했다. 그러나 그 다른 방법이라는 것은 내게는 조금 불편한 과정이었고 그러면서도 한편으로는 몇 가지를 느끼게 하기도 했다. 내가 택한 방법 중에서 가장 중요하게 생각했던 것은 마음을 비우려고 노력한 것이다. 내가 그때까지 가진 음악에 대한 기준을 버리려고 했고 박자나 리듬의 자를 놓으려고 했다. 가지고 있던 모든 음악 감상의 리스트까지 버리려고 했다. 버린다는 것은 결국 마음을 연다는 것이었다. 마음을 열고 음악의 디테일과 가사 전체를 동시에 듣는 자세, 그래서 귀를 세밀하게 그러나 넓게 여는 것이 중요하다고 생각했다. 그렇게 넓게 연 내 귀와 머리로 그의 음악은 천천히 그리고 아름답게 내 가슴에 새겨지기 시작했다.

　이렇게 다른 방법으로 음악을 들으려 했던 내 시도를 우리는 일반적으로 소통을 위한 노력이라고 말할 수도 있을 것 같다. 소통이라는 것은 바로 상대를 이해한다는 것인데 그 이해라는 것엔 부수적으로 따라오는 나만의 전제 조건은 없어야 한다는 것도 알았다. 예술이란 게 무엇이겠는가. 그것은 바로 이해의 가교가 아닐까. 소통의 길을 통해 이해로 향하는 게 진정으로 예술을 향유하는 것이겠지. 예술은 어느 분야에서나 새로운 것의 발견이고 새로운 이름 짓기의 기쁨일 테니까. 정말로 첫 시작의 글, 말, 그림, 움직임, 그리고 첫소리의 단 한 번 빛나는 반짝임일 테니까.

몸을 기대고 싶은 말

1.

 인간에게 사랑이 존재하지 않았다면 나는 시를 쓰지 못했을 것이다. 인간과 인간 사이에 우정과 신뢰가 존재하지 않았다면 나는 시를 쓰지 않았을 것이다. 인간에게 아픈 이별이 없다면, 인간에게 눈물을 흘리게 하는 만남의 순간이 없다면 나는 시를 쓰지 않았을 것이고 또 쓰지 못했을 것이다. 인간이 죽지 않는다면 시를 쓰지 못했을 것이다. 인간이 죽고 난 다음 세상이 존재하지 않는다면 나는 시를 쓰지 않았을 것이다. 아니 쓰지 못했을 것이다.

2.

내 가슴에 외로움이 존재하지 않았다면, 그래서 외로움이 움직이는 생물처럼 내 안에서 나와 함께 공생하지 않았다면 나는 시를 쓰지 못했을 것이다. 작곡가 베토벤은 외로움이 자신의 종교라고 말했다고 한다. 어디를 가나 시인만큼 외로움을 타는 인간은 없다. 그래서 외로움이 자기의 종교라고 말하는 베토벤을 숭배하고 그에게 절하고 있는 시인들. 그러고 보면 하느님에게 제일 가까이 있는 인간이 시인이나 예술가인 모양이다. 미국 현대시의 대부로 불리고 내가 평생 좋아해 온 윌리엄 칼로스 윌리엄스는 유능한 의사인데다 친구도 많고 좋은 아들을 둔 행복한 사람인데 당신의 시는 왜 그리 외롭냐는 기자의 질문에 '외로움을 모르는 자는 시인이 될 수 없다. 외로움은 시인의 첫째 필요조건이다. 가슴에 큰 구멍을 가지고 불어오는 바람에 추위를 느끼지 못하거나 흔들리지 않는 사람은 시인이 될 수 없다'고 말했다. 죽어서도 산다는 믿기 힘든 약속을 믿지 않고서는 적어도 나는 시를 계속 쓰지 않았을 것이다. 그것을 믿지 못하는 사람이 왜 시를 쓰는지 나는 잘 모르겠다. 자신이 죽어도 그의 시가 지상에 오래 살아남을 것이라고 믿는 과대망상의 시인은 과연 얼마나 될까.

3.

시를 쓴다고 하면서도 나는 평생 시를 정색하고 똑바로 쳐다보지 못하고 살아왔다. 시가 나를 보면 너 같은 놈이 무슨 문학 냄새를 피우느냐고 대갈할 것 같아 신경을 곤두세우고 거리를 두었다. 너 같은 놈이! 하는 고함이 어디서 들릴 것 같아 늘 숨죽이고 고개 숙이고 귀까지 막고 슬금슬금 걸었다. 그런 중에도 기가 찰 노릇은 혹시 시가 나를 떠나는 느낌이 들면 또 겁이 나서 눈치보며 슬금슬금 그 뒤를 바투 따라갔다. 놓치지 않으려고 안간힘을 썼다. 내 평생의 몰골이 이런 식이었다. 시를 한 편 쓰고 나면 언제나 죄지은 사람마냥 고개를 우선 숙였고 사방의 모든 것에 부끄러워졌다.

(조주가 스승 남전에게 물었다. 도道를 어떻게 알 수 있는가. 스승 남전이 답했다. 도란 알고 모르는 지식에 속하지 않는다. 도를 안다는 것은 미망에 지나지 않으며 모른다는 것은 또 단순한 혼란일 뿐이다. 어찌 도를 시시비비 是是非非 따지듯 외적인 것에 의해 인위적으로 규정할 수 있겠는가.)

4.
나는 내가 감당하지 못할 것을 헤아려보지 않고 하겠다는 말부터 먼저 했다. 희고 검은 것을 확실하게 구별해보지도 않고도 잘 알겠다고 또 해보겠다고 했다. 밖에는 비가 아주 많이 와서 희다고 말했다가 검다고 생각을 바꾸었다. 희고 검은 것이 도무지 너무 가벼워서 자꾸 웃음이 났다. 비가 오다가 색깔 없는 폭풍이 왔다. 아니, 아마 폭풍이 가기도 했을 것이다. 폭풍이 있으면 할 일이 없다. 당할 뿐이다. 당하면서 결국 시인이 되었다. 내 경우는 그랬다. 물이 되든 흙이 되든 종착지로 가야지. 인간은 결국 물이거나 흙이라고 하지 않았나. 기막힌 소리가 어디서 들린다. 나는 그 소리를 들을 준비를 하고 있지 않았다. 어디서 들리는가, 새소리인가, 어디서 들어본 소리 같다. 아무도 못 들고 나 혼자서만 듣고 있는 모양이다. 나에게만 들리는 소리여서 아름답고 흥미로웠고 어딘가에 그 흔적을 남기고 싶었다. 어리석은 놈! 신기한 그 소리의 색은 보라색과 노란색이 합쳐지는 순간이었다.

5.

　시를 쓰는 기술자가 있고 시를 쓰는 시인이 있다고 한다. 기술자는 처음부터 반짝이지만 오래 갖지는 의문이고, 시인의 시는 반짝이기보다 자꾸 되풀이되어 나타나는 여운이 있다고 한다. 나는 시를 쓰는 기술자가 되고 싶다. 어쩐지 시를 쓰는 시인은 어렵게 생을 살아야 할 것 같았다. 정말로 한번 그렇게 살아보면 입에서 신물이 날 것이다. 좋은 것은 이기고 모든 아름다운 것은 중심이 잡혀 있고 화려하거나 옳은 것이 대부분이었다. 그런데 나는 정석이 싫다. 이만큼 살아보니까 아름다운 것은 대개 외롭거나 혼자이고, 옳다는 것은 대부분 외톨이였다. 가끔은 시작과 끝이 여일하게 정확한 기승전결을 원하지만 살아 있는 실체가 그렇지는 못하다. 도대체 이 '그렇지 못하다'는 말도 살아 있기 때문에 곧 사라진다. 군중 속에서의 말이 조용한 곳에서의 말과 다른 것 같이, 흥분하거나 행복해하거나 감정의 기복이 담겨 있어야 살아 있는 말이고, 살아 있어야 말에 힘이 있고 사람의 말이라고 믿을 수가 있다. 수학적이거나 물리적으로 우리는 말하지 않는다. 그래서 굴곡이 아름다워지고, 모호함이 가끔 빛과 광채를 발하는 것이다. 우리는 그런 것을 살아 있는 말이라고 하는 모양이다.

6.

　나는 시인이란 마라톤 주자 같은 게 아닐까 하는 생각을 가끔 한다. 일정한 페이스를 유지해야 오래 뛸 수 있고 낙오되지 않는다고 믿었고 오십여 년을 그런 식으로 달려왔다. 같은 페이스를 유지한다는 것은 힘이 들지만 나처럼 체력이 부족하고 인내심이 없는 몸으로는 그렇게 하는 것이 가장 능률적이고 또 유일하게 뛸 수 있는 방법이기도 했다. 최근에 주로 일어난 착각이지만, 가끔 나는 완주를 한 것 같은데 주위에 함께 뛰는 친구가 없어 완주를 했는지 아직도 마라톤을 계속해야 하는지 혼돈되는 때가 있다. 친구가 없어 심심하기도 했고, 또 안심이 되기도 했고, 아무도 관심을 주지 않고 지켜봐주지 않아 한편으로는 편하기도 했다. 하지만 심심해서 가끔 중도 포기를 하고 집으로 돌아갈까 하는 생각도 했다.

　시인이나 마라톤 주자는 공통적으로 대개 시간이 가면서 숨이 턱에 차고 심장이 터질 듯 힘들지만 시인이 주자와 다른 점은 아무리 뛰어도 완주를 알리는 화려한 테이프가 없다는 것이다. 시인에게 결승점이 없다는 것도 나는 최근에야 겨우 눈치를 챘다. 많이 힘들었지만 결국 끝을 내기는 했구나 하는 충만감도 없고 성취감에 도취될 수도 없이 허공에 풍선만 날리고 있다는 것을 알았다. 여기가 어딘지도 모르고 낯선 곳에 엉뚱하게 서 있는 자신을 보게 되는 것이 시인이라는 것도 어렴풋이 눈치챘다.

　이제 어떻게 해야 할까. 이렇게 가다가는 아마도 나는 완주하지 못한 시인이 될 것이다. 사기꾼 같은 시, 수십 년을 뛰어왔는데 어째서 완주를 알리는 싸구려 테이프도 하나 없단 말인가. 또 어디로 뛰라는 말인가.

7.

나보고 광기狂氣가 없다고 어떤 광인狂人이 말한 적이 있다. 그자는 꾸며낸 광기 속에서 말장난을 하고 광인같이 괴상한 표정을 만들고 있었다. 좁은 방 안에서 세밀한 계산기를 두드리고 있었다. 고개 한번 들고 주위를 돌아보지도 못한 채 광물의 목소리가 들어 있는 책과 희귀한 숫자 몇 개를 움켜쥔 채 회색빛 이론만 늘어놓고 있었다.

그래서 나는 특히나 말을 더 아끼려고 했다. 멀리서 유리알이나 굴리면서 장난으로 세상을 열었다 닫았다 하기보다 옆에서 체온을 느낄 수 있도록 가까이 있으려고 했다. 그것만이 내가 너를 바로 볼 수 있는 방법이기 때문이었다. 그 밖의 것은 내 관심거리가 아니었다. 그래서 진정한 말과 행동이 내게는 제일 귀하다. 되도록 적게, 단지 빛나는 보석처럼, 그리고 따뜻해서 몸을 기대고 싶은 말을 하는 것, 그리고 내가 한 말을 실행하기 위해 땀 흘리는 것이 바로 인간이 할 수 있는 최고의 기도라고 믿었다. 그 말이 가끔은 글이 되려고도 했다.

8.

머지않아 내게도 남들처럼 삶이 끝나는 날이 올 것이다. 그날이 오면 장성한 내 아이들이 틀림없이 나를 보러올 것이고 며느리들이 따라올 것이고 시간을 낼 수 있는 손주들도 여럿 올 것이다. 그들이 모이면 아들들이 속으로 한마디쯤 할지 모르겠다. 이 사람이 한국의 시인이란 말을 한 적이 있고 책도 출간했는데, 결국 아직까지 한 편의 시도 읽어보지를 못해 미안한 마음이 드네, 생전에 그 앞에서 읽는 척이라도 아니, 읽을 줄을 모르니 관심 있는 척이라도 해줄걸 그랬나, 그러면 며느리들도 손주들도 다 함께 동의하면서 고개를 주억거리겠지. 그때쯤 아내가 한마디할지도 모르겠다.

'그 사람은 시인이 대단한 것인 줄 알고 있었기 때문인지 아니면 버릇 때문인지 나와 함께 살면서도 멍청하게 딴생각을 자주 했고 나를 쳐다보기보다는 하늘 쳐다보기를 더 좋아해 나를 자주 외롭게 했다……'

그렇게 며칠이 더 가면 한국의 내 친구 몇과 후배 몇, 그리고 시를 쓰거나 읽기 좋아하는 지인들이 소식을 듣고 여기저기서 한마디쯤 거들지 모르겠다. '그 사람이 결국은 거기서 그렇게 되었구나……' 그러나 아마 그중 몇은 '왜 그렇게 살았을까' 하는 의문을 한 줄쯤 달지도 모르겠다.

그리고 화창한 다음날 아침에는, 지나간 사람을 잊고 모두가 자기 일에 열중하기 시작할 것이다. 혹시나 하는 기대를 접지 않고 눈치를 살피던 내 시들은 뿔뿔이 흩어지는 그들을 훔쳐보면서 부끄럽고 멋쩍어 그늘 쪽으로 도망가 숨으면서 주인의 허방 같은 인생을 마음껏 비웃어줄 것이다.

우리 얼마나 함께 ⓒ마종기, 2013

1판 1쇄 발행 2013년 5월 8일
1판 3쇄 발행 2013년 10월 14일

지은이 마종기
사 진 이병률

펴낸이 이병률
편 집 김지향 이희숙 | 편집보조 박선주 박성연
디자인 김이정 이보람
마케팅 방미연 정유선 이동엽 | 온라인마케팅 김희숙 김상만 이원주 한수진
제 작 김애진 김동욱 임현식

펴낸곳 달
출판등록 2009년 5월 26일 제406-2009-000034호

주   소 413-120 경기도 파주시 회동길 210
전자우편 dal@munhak.com
전화번호 031-955-2666(편집) | 031-955-8889(마케팅) | 팩스 031-955-8855

ISBN 978-89-93928-62-4 03810

• 이 책의 판권은 지은이와 (주)달에 있습니다.
  이 책 내용의 전부 또는 일부를 재사용하려면 반드시 양측의 서면 동의를 받아야 합니다.
  달은 (주)문학동네 계열사입니다.

• 이 도서의 국립중앙도서관 출판시도서목록(CIP)은 e-CIP홈페이지(http://www.nl.go.kr/ecip)와
  국가자료공동목록시스템(http://www.nl.go.kr/kolisnet)에서 이용하실 수 있습니다.
  (CIP제어번호: CIP2013004302)